LE JAPON.

DE L'IMPRIMERIE DE D'HAUTEL.

LE JAPON,

OU

VOYAGE DE PAUL RICORD,

AUX ILES DU JAPON,

En 1811, 1812 et 1813 sur la corvette russe la DIANE, pour la délivrance du capitaine GOLOWNIN.

TRADUIT DE L'ALLEMAND,

PAR M. BRETON.

Accompagné de planches inédites, d'après les dessins du cabinet de feu M. TITZINGH, ambassadeur hollandais en Chine, et résident au Japon.

TOME PREMIER.

PARIS,

NEPVEU, Libraire, Passage des Panoramas.

1822.

PRÉFACE
DU TRADUCTEUR.

Lorsque je rédigeai, en 1818, la description du *Japon*, faisant partie de la collection des *Mœurs, usages et costumes* publiée par le même éditeur, j'eus soin de me procurer des matériaux presque encore inconnus sur cette portion de l'Orient si sévèrement fermée aux étrangers. Le libraire me confia de précieux documents apportés du Japon par feu M. Titzingh, ancien ambassadeur de Hollande en Chine, et qui a résidé long-tems à Nangasacki comme directeur du commerce hollandais. La relation de l'ambassadeur russe de Résanoff, et du voyage de Krusenstern, n'étoit encore connue en France par aucune traduction, j'insérai dans mon ouvrage toute la partie qui concernoit les relations des Russes, soit avec les autorités japonaises de Nangasacki, soit avec les Aïnos, insulaires demi-sauvages des Kouriles. Pendant que je m'occupois de ce travail, on venoit de faire paroître en Russie la première partie du voyage de Golownin et de sa captivité aux îles du Japon ; une traduction en fut publiée aussitôt en Allemagne, et je m'empressai d'en former le quatrième volume de mon ouvrage. J'eus tout lieu de me féliciter d'a-

DU TRADUCTEUR. iij

voir été le premier à faire connoître en France ce récit aussi attachant que rempli de détails absolument neufs sur les mœurs du pays.

Quelque temps après je reçus d'Allemagne la seconde partie du Voyage de Golownin et la Relation du capitaine Ricord chargé par son gouvernement d'obtenir, soit de vive force, soit à l'amiable, la délivrance de ce prisonnier retenu contre toutes les lois universellement reçues parmi les nations. J'attendis pour en faire usage que l'éditeur eût mis au jour, sous le même format, d'après les manuscrits de M. Titzingh, des notices extrêmement curieuses sur les cérémonies usitées parmi les Japonais pour les mariages et les funérailles, et à l'égard desquelles tous les voyageurs ou compilateurs tels que Kæmpfer, Thunberg, Montanus, Charlevoix, l'abbé Prévost et son abréviateur Laharpe, gardent un profond silence. Des anecdotes jusqu'ici inconnues sur la dynastie des *Djogouns*, ou souverains séculiers complettent avec les deux volumes qui se publient en ce moment, la description de tout ce qu'il est possible de connaître sur cette intéressante contrée.

Deux traductions allemandes du voyage de Ricord se sont trouvées en même temps sous mes yeux. L'une est du docteur Charles-Jean Schultz, l'autre est de l'infortuné Auguste de Kotzebue dont les veilles laborieuses ont été consacrées aux travaux les plus divers. Je me suis servi à la fois de l'une et de l'autre pour arriver d'autant mieux à rendre l'équivalent du texte russe. Je ne balance pas à croire que le personnage de Takataï-Kachi dont l'influence en faveur des prisonniers russes et de leurs libérateurs a été si remarquable, est le plus beau, le plus noble, le plus touchant qu'on ait jamais pu voir dans aucune relation de voyage.

Quant à la seconde partie de la Relation de Golownin, renfermant ses observations sur les mœurs du pays, elles sont rédigées avec le doute modeste d'un homme qui a peu vu par lui-même, et ne sait guères les choses que par le témoignage de ses gardiens; mais aussi avec la pénétration d'un observateur qui n'a négligé aucun moyen de s'instruire à fond de tous les détails qui pouvoient venir à sa connoissance. Il n'étoit pas mu seulement en cela par la curiosité naturelle à tout voyageur, mais par l'ardent désir de se rendre utile à son pays, que tant de points de contact mettent en rapport avec les îles septentrionales du Japon, et qui aspire à y trouver tôt ou tard un accès, en se soumettant s'il le faut aux restrictions les plus onéreuses. Nos lecteurs ne laisseront pas échapper sans doute les causes qui déterminèrent le gouvernement japonais à faire à ses usages, à ce qu'on peut appeler aussi ses *précédents* une innovation considérable, en recevant à Chakodade dans l'île de Matsmaï, au lieu de le faire venir à Nangasacki, le capitaine Ricord revêtu d'un caractère diplomatique. On aura craint le voisinage et la jalousie des résidents hollandais. Des motifs particuliers auront sans doute engagé cette fois les officiers japonais à se relâcher des rigueurs de l'étiquette, puisqu'ils ont accordé à M. Ricord beaucoup plus de faveur qu'à M. de Résanoff lui-même. Celui-ci avoit été obligé de se présenter *pieds-nus* à l'audience de réception, et avec une escorte désarmée, tandis que M. Ricord eut la permission de substituer des souliers à ses bottes et de se présenter avec des gardes armés de fusils.

L'ouvrage allemand étoit dépourvu de figures gravées, nous avons trouvé dans la riche collection de M. Titzingh des figures qui s'adaptoient parfaitement aux descriptions, et nous les avons fait graver, afin d'en enrichir cette nouvelle portion d'un recueil qui se distingue surtout par la vérité, la fidélité et l'authenticité des estampes destinées à éclaircir le texte.

VOYAGE DE RICORD,

AUX ILES DU JAPON,

en 1811, 1812 et 1813.

Les détails que nous a fournis M. Titsingh sur les mariages et les funérailles des Japonais sont entièrement nouveaux pour l'Europe ; les anciens voyageurs, Montanus, Kœmpfer, Thunberg, ainsi que Charlevoix, n'avoient parlé que fugitivement, et même point du tout, de ces cérémonies. Des voyageurs russes,

Krusenstern, Langsdorff, Ricord et le capitaine Golownin ont aussi publié, tout récemment, sur le Japon, des faits aussi neufs que curieux. Dans un précédent ouvrage (1), nous avons traduit le premier volume de la relation de Golownin, qui fut publié séparément en Allemagne. Nous donnons ici la traduction du second volume qui renferme les observations sur les mœurs et coutumes ; mais nous le ferons précéder du récit du voyage de Ricord, compagnon de l'expédition de Golownin, et qui fut ensuite envoyé à sa recherche lorsque son chef eut été fait prisonnier.

Pour mettre nos lecteurs en état

---

(1) La description du Japon, en 4 vol. in-12.

de suivre la narration du capitaine Ricord, nous devons rappeler succinctement quelques détails du voyage et de la captivité du capitaine Golownin.

Le capitaine Golownin avoit reçu de son gouvernement, en 1811, la mission de visiter, avec le sloop ou corvette la *Diane*, les îles Kouriles et la côte de Tzyngari. Quelques années auparavant, les lieutenants russes Chwostoff et Dawidoff avoient commis, dans ces parages, contre les habitans de plusieurs villages japonais, tant de vexations et de déprédations, que le gouverneur de Kamtschatka fut obligé de les désavouer solennellement. Non contents de détruire les temples, ils avoient brûlé tous les magasins de riz, et s'étoient livrés à de si affreux pillages, que plusieurs malheureux insulaires périrent de faim avant que le gouvernement pût leur envoyer de nouvelles subsistances (1).

Telles étoient les circonstances lorsque le capitaine Golownin se présenta devant le port de Kunaschir; son bâtiment y fut reçu à coups de canon. Il n'en jeta pas moins l'ancre et essaya d'envoyer un bateau sur le rivage. Après quelques tentatives inutiles pour entrer en pourparler, on lui fit enfin signe qu'il pouvoit descendre. Golownin, deux autres officiers, quatre matelots, et le Kourilien Alexei

---

(1) Voyez pages 63 et suivantes de notre traduction de la relation de Golownin, le récit de cette expéditon.

qui leur servoit d'interprète, cédèrent à cette pernicieuse invitation; on les conduisit dans l'intérieur du fort, en leur faisant toutes les politesses imaginables; mais là ils se virent entourés tout à coup par trois ou quatre cents hommes armés de fusils, d'arcs, de flèches et de lances, et on les fit prisonniers.

Quelques jours après on les conduisit à Chakodade, où ils restèrent cinquante jours, puis à Matsmai, capitale de la terre de Iesso; là, ils furent enfin réclamés par leur gouvernement, et le capitaine Ricord les ramena dans leur patrie, après une captivité de deux ans, deux mois et vingt-six jours. L'histoire de la navigation du capitaine Ricord et des négociations qu'il entama avec les agents japonais pour obtenir la délivrance de ses compatriotes, sont l'objet de la relation suivante.

Le 11 juillet 1811, à onze heures du matin, dit le capitaine Ricord, en observant que lui et tous ceux qui se sont embarqués sur la Diane, n'oublieront jamais cette accumulation du nombre onze, fut l'instant où la perfidie des Japonais nous sépara de notre chef et de plusieurs de nos amis. Alors s'éloigna de nous l'idée si flatteuse d'un retour prochain dans notre pays. Nous n'étions tous occupés, officiers et soldats, que d'une seule pensée, d'un seul dessein, de ne point quitter les rives du territoire japonais avant d'avoir délivré nos camarades, ou vengé leur mort, si, comme tout le faisoit présumer, ils avoient succombé, victimes d'un lâche assassinat.

Nous avions suivi, à l'aide de nos lunettes de longue vue, le capitaine et ses compagnons, depuis la Diane jusqu'à la porte de la forteresse ; nous les distinguions encore, au milieu d'un groupe d'individus habillés de toutes sortes de couleurs, et qui nous paroissoient être des officiers japonais d'un haut grade. J'obéissois ponctuellement aux instructions de mon chef, et ne m'attendois nullement à la trahison dont il étoit déjà victime, lorsque, vers midi, nous entendimes tout à coup un grand bruit sur le rivage. Une multitude de Japonais sortirent en désordre des portes de la ville et s'avancèrent vers la chaloupe que M. Golownin avoit laissée sur la grève. Au moyen de nos lunettes, nous vîmes clairement que ces barbares, se précipitant dans le bateau, en enlevoient le mât, la voile et le gouvernail. M. Golownin y avoit laissé un matelot pour le garder. Les impitoyables Japonais s'emparèrent de lui, et le poussèrent devant eux jusqu'à la forteresse.

Aussitôt après, régna un profond silence ; la forteresse étoit, suivant l'usage du Japon, tapissée du côté de la mer avec des étoffes de coton rayées (1) ; si bien que nous ne pou-

(1) Cette manière singulière de mettre les forts en état de défense est indiquée dans la Description du Japon à la planche en regard de la page 81, tome IV.

vions rien voir de ce qui se passoit dans l'intérieur, et nous fûmes en proie à d'horribles inquiétudes, n'osant arrêter notre pensée sur ce qu'étoient devenus nos amis. Avec le caractère vindicatif que l'on connoît aux naturels du Japon, nous devions nous attendre à tout.

Je ne perdis pas une minute. Je donnai l'ordre de lever l'ancre, et m'approchai de la ville, bien persuadé que les Japonais, à la vue d'un bâtiment de guerre, craindroient peut-être de nous pousser à la dernière extrémité, et mettroient nos compatriotes en liberté; mais les bas-fonds nous arrêtèrent; il ne se trouva bientôt plus que deux brasses et demie, et nous fûmes obligés de mouiller de nouveau à une certaine distance des remparts. Nos boulets, à la vérité, pouvoient atteindre la ville, mais sans y faire beaucoup de dégâts.

Tandis que nous nous préparions à l'attaque, les Japonais dressèrent sur la côte une batterie, dont les boulets dépassoient le lieu de notre mouillage. L'honneur de mon pays et de son pavillon me détermina à ne pas m'éloigner sans avoir tiré sur cette cité perfide. Nous tirâmes environ cent soixante-dix coups de canon, mais ils firent peu d'effet, et ceux de l'ennemi nous causèrent encore moins de dommage. Comme il étoit inutile de rester là plus long-temps, je fis cesser le feu et remettre à la voile. Les Japonais devenus plus hardis par notre retraite, tirèrent en l'air tant que nous fûmes en vue.

DE RICORD.

Je n'avois pas assez d'hommes pour effectuer un débarquement, et il fallut renoncer à secourir par nous-mêmes nos compatriotes, dont l'équipage, y compris les officiers, ne se composoit que de cinquante-un hommes. Arrivé hors de la portée du canon, j'écrivis à M. Golownin une lettre où je lui annonçcis notre profonde douleur et notre indignation contre les habitans inhospitaliers de Kunaschir. Je lui disois en outre que nous nous proposions de retourner à Ochotzk, sur les côtes du Kamtschatka, et d'y aviser aux moyens les plus sûrs d'obtenir sa délivrance et celle de ses compagnons d'infortune. Tous les officiers signèrent cette lettre, et nous la mîmes, à tout événement, dans un tonneau flottant qui avoit servi les jours précédents à un échange de correspondance avec les Japonais. Le soir, nous nous éloignâmes de plus en plus, de peur de nous trouver, pendant la nuit, victimes de quelque surprise.

Le lendemain matin, nous dirigeâmes de nouveau nos lunettes sur la côte de Kunaschir ; on étoit occupé à transporter hors de la ville, à dos de cheval, tous les objets précieux, de peur, sans doute, que la forteresse ne fût bombardée et brûlée. J'envoyai visiter le tonneau où j'avois fait déposer ma lettre à M. Golownin, afin de savoir si elle y étoit encore. L'aide-pilote Srednoy, chargé de ce soin, ne fut pas plutôt arrivé près du tonneau, qu'il entendit le tambour battre dans la ville, et il s'éloigna au plus vite, craignant d'être rejoint par des bateaux à rames. On remarquoit en effet, près du rivage, un bateau armé, et à quelque distance, un autre tonneau avec un pavillon noir. Nous levâmes l'ancre pour nous rapprocher de la ville, et j'envoyai une chaloupe pour m'assurer si ce tonneau ne contenoit pas, soit une lettre, soit quelques emblêmes (1) qui nous instruisissent du sort de nos camarades. Quelle fut notre surprise de voir le tonneau attaché à une

(1) On voit dans la relation de Golownin que les jours précédents, les Japonais et les Russes s'étoient entretenus à l'aide d'espèces de dessins ou de figures hiéroglyphiques très-expressives, déposées dans des tonneaux flottants, que l'on s'envoyoit de part et d'autre.

corde dont l'extrémité aboutissoit au rivage, et que l'on amenoit insensiblement vers la terre, de façon à y attirer aussi peu à peu notre bateau, et à le mettre enfin au pouvoir de l'ennemi !

A ce trait nos inquiétudes redoublèrent. Il falloit s'attendre à tout de la part d'hommes aussi rusés et aussi perfides, qui ne se contentoient pas de six victimes tombées entre leurs mains. Il ne nous restoit plus, dans de telles circonstances, qu'à faire sentir à ce peuple cruel qu'au moins nous ne désespérions pas de la vie de nos malheureux compagnons et que nous nous flattions qu'ils seroient traités comme le sont les prisonniers de guerre chez toutes les nations civilisées. En conséquence j'envoyai le lieutenant Filatoff, dans un village abandonné, sur la côte, où il laissa un paquet contenant les habits et le linge des officiers prisonniers, des ciseaux, des livres et tous les effets des matelots.

Ce fut avec un sentiment pénible que le 14 nous quittâmes ces parages, auxquels nous donnâmes avec de justes motifs le nom de baie de la *Trahison*, et nous mîmes à la voile pour Ochotzk, où nous arrivâmes après seize jours d'une heureuse navigation. Une église nouvellement bâtie se distinguoit au-dessus de tous les édifices. C'étoit une grande consolation pour des hommes qui depuis long-temps avoient été privés de la vue de temples consacrés au vrai Dieu.

Mon séjour dans cette ville durant

l'hiver, aurait été parfaitement inutile, je partis avec la permission du commandant au mois de septembre, pour Irkutzk en Sibérie. J'avois l'intention de me rendre à Pétersbourg, et de solliciter auprès du ministre de la marine, l'expédition d'un bâtiment de guerre pour réclamer la délivrance de nos compatriotes.

Je fus parfaitement bien accueilli à Irkutzk par le gouverneur civil, M. Tresken, auquel je dus m'adresser en l'absence du gouverneur-général de la Sibérie. Il avoit reçu mes dépêches d'Ochotzk et avoit déjà envoyé lui-même un message pour demander des ordres. Cette circonstance aussi heureuse qu'inattendue, me dispensoit du voyage de Pétersbourg, très-pénible pour un marin, et j'attendis à Irkutzk l'ordre, qui ne tarda pas à arriver, de prendre de nouveau le commandement de la Diane, pour retourner à Kunaschir et faire des démarches efficaces.

Pendant l'hiver, il arriva à Irkutzk, un Japonais nommé Leonsaimo, et dont il est beaucoup question dans la relation de M. Golownin. Le gouverneur civil lui fit toutes sortes de caresses, on ne négligea rien pour le convaincre des intentions amicales de notre gouvernement en faveur du sien. Leonsaimo entendoit assez bien la langue russe ; il nous assura que, selon toute probabilité, les captifs de notre nation vivoient encore, et que leur affaire finiroit bien.

Je retournai, avec ce naturel du Japon, à Ochotzk dans une voiture d'hiver très-commode, et nous étions, déjà à Irkutzk vers la fin de mars. Dans les climats plus favorisés de la nature à cette époque de l'année, on commence déjà à jouir des premiers bienfaits du printemps, mais il n'en est pas de même dans ces contrées, où l'hiver régnoit encore dans toute sa force. Les morceaux de glace dont les pauvres habitans se servent en guise de vitres pour boucher leurs fenêtres, ne fondoient pas même à l'époque du dégel; ils perdoient seulement leur poli. Les routes couvertes de neige étoient devenues impraticables pour les chevaux. Notre Japonais auroit bien eu la patience d'attendre que la neige fût fondue, mais j'étois plus pressé, nous louâmes, en conséquence, des rennes dont le propriétaire qui étoit un Tartare Tongouse nous servit de conducteur.

Je dois rendre ici hommage à l'utilité de cet animal aussi beau que docile, sur lequel on voyage plus commodément, qu'on ne le feroit sur un cheval. En effet le renne a le pas égal, il ne bronche jamais; et il est si doux, si bien apprivoisé que si par hasard, le cavalier tombe, il s'arrête tout court, et lui donne le temps de se relever. Nous en fîmes plus d'une fois l'expérience les premiers jours, à cause de la petitesse, et de l'incommodité des selles sans étriers, et placées sur le garot, c'est-à-dire sur l'épaule de l'animal, car ses reins sont trop foibles pour supporter un poids qui seroit placé au milieu du corps.

A mon arrivée à Ochotzk, je revis la Diane avec un plaisir inexprimable; mais il n'étoit pas encore possible de faire nos préparatifs de départ, à cause des difficultés de tout genre, que présente la navigation de la rivière Ochota. Cependant ces obstacles furent aplanis par les soins du commandant du port, le capitaine Winisky : notre équipage fut augmenté de dix soldats de marine d'Ochotzk commandés par un sous-officier, et l'on mit sous mes ordres le brick de transport, le Sotik dont je confiai le commandement au lieutenant Filatoff. J'envoyai en outre, le lieutenant Iakouschkin, prendre le commandement d'un autre bâtiment de transport, le Paul, qui devoit m'apporter des vivres du Kamtschatka.

Le 18 juillet 1812, tout se trouva prêt; je pris à mon bord six Japonais provenant d'une jonque qui avoit fait naufrage sur les côtes du Kamtschatka, et que j'étois chargé de reconduire avec Leonsaimo dans leur patrie. L'histoire de leur naufrage est fort singulière; il avoit eu lieu dans l'année même où nos compagnons venoient d'éprouver une odieuse violation du droit des gens, et il sembloit que la providence se fût complu à mettre dans nos mains un pareil nombre de naturels du Japon, afin de faciliter une sorte d'échange. Dans les mœurs européennes rien n'eût été plus simple qu'une pareille négociation, mais la suite de ce récit démontrera combien sur ce point les usages japonais diffèrent des nôtres.

Je partis à trois heures après-midi, accompagné du bâtiment le Sotiek. Mon projet étoit de me rendre à Kunaschir par le chemin le plus court, le canal Pico ou au moins par le détroit de Fries. Notre traversée n'eut rien de très-remarquable, si ce n'est le danger que nous courûmes, par un temps de brouillards, de nous briser contre des écueils près de l'île Saint-Jean. Le 15 août nous passâmes le détroit de Fries ; pendant treize jours, nous suivîmes les côtes des îles d'Iturup, de Tschikotana et de Kunaschir. Ce fut seulement le 28 que nous arrivâmes devant la baie de la *Trahison*.

Après avoir reconnu les fortifications, en ayant soin toutefois de nous tenir hors de portée, nous remar-

DE RICORD. 23

quâmes une double batterie de quatorze canons. Les Japonais étoient parfaitement tranquilles dans leurs forts, et ne paroissoient point songer à tirer sur nous. On avoit étendu du côté de la mer de grandes tapisseries d'étoffes rayées qui ne nous permettoient pas d'apercevoir autre chose que les toits des édifices, et l'on avoit mis toutes les embarcations à sec sur le rivage ; nous mouillâmes donc à deux milles de la côte.

J'ai déjà dit que nous avions à bord de la Diane, un Japonais nommé Leonsaimo qui n'entendoit pas trop mal la langue russe. Il y avoit six ans que le lieutenant Chwostoff l'avoit amené de l'île d'Iturup. J'avois pensé depuis long-temps à me servir de lui pour envoyer, au commandant de Kunaschir, la traduction en langue Japonaise de la dépêche du gouverneur d'Irkutzk, annonçant l'objet de notre expédition.

La traduction de cette lettre me fit connoître le caractère fin et dissimulé de Léonsaimo, en qui j'étois cependant réduit à placer toute ma confiance. Quelques jours avant notre arrivée à Kunaschir, je l'avois déjà prié de se mettre à l'ouvrage; mais il différoit toujours sous prétexte que la lettre étoit trop longue, et qu'il ne pouvoit la traduire ainsi. « Moi, di-
« soit-il en mauvais russe, moi pou-
« voir bien mettre par écrit ce que
« vous dire à moi, et en faire une
« petite lettre; mais chez nous gran-
« des lettres ne valoir rien, les Japo-
« nais n'aimer pas les longs compli-

» ments ; les Chinois seuls écrire
» ainsi, et nous Japonais, nous di-
» sons que ce sont des fous. »

Je crus devoir respecter les scrupules de Leonsaimo, et le laissai maître de faire ce qu'il voudroit. Quand nous fûmes devant le port, je l'appelai dans ma chambre, et lui demandai à voir sa traduction. Il me montra une grande demi-feuille de papier toute couverte de caractères. Comme dans ce pays on se sert de l'écriture hiéroglyphique des Chinois qui rend des pensées, des phrases entières par un seul signe, j'en conclus qu'il devoit y avoir beaucoup mis du sien et peut-être ajouté dans l'intérêt de son gouvernement, des choses qui pouvoient nous nuire. Je dis donc à mon tour à Leonsaimo que dans nos usages, la lettre étoit beaucoup trop longue, que la traduction étoit nécessairement plus diffuse que le texte, et j'exigeai qu'il m'en donnât de son mieux une explication mot à mot.

Leonsaimo, sans se déconcerter, déclara qu'il avoit écrit trois lettres au lieu d'une; savoir : en premier lieu une très-laconique, concernant notre expédition ; en second lieu, le récit du naufrage de ses amis les Japonais, et troisièmement enfin, la relation des aventures qui l'avoient amené en Russie.

Je lui représentai que pour le moment la première dépêche étoit la seule essentielle, et qu'on auroit ensuite tout le temps de songer aux autres affaires ; il se mit donc sans répliquer à faire une nouvelle copie de la première lettre, et laissa de côté les autres, en disant, que c'étoit autant de perdu, parce qu'il auroit trop de peine à les transcrire. Comment, lui demandai-je, peux-tu éprouver tant de difficulté à transcrire ce que tu as déjà copié toi-même? Leonsaimo se fâcha, et dit : « Hé bien! moi, aimer mieux tout déchirer. » Aussitôt il s'empara d'un canif, découpa avec une rapidité étonnante toute la partie écrite, puis avala le papier avec des contorsions qui peignoient la colère. Au bout de quelques secondes, il cracha par terre en ma présence, les restes de la dépêche. Je n'ai jamais pu savoir quel en était le contenu. Tel étoit l'homme auquel je me voyois obligé cependant de me confier.

Je voulus toutefois m'assurer si la copie mise au net par Leonsaimo avoit véritablement rapport à notre affaire. Pendant la traversée j'avois eu avec lui quelques conversations sur différents objets relatifs à son pays, et je l'avois prié de me traduire plusieurs mots Russes en Japonais; un motif de pure curiosité m'avoit engagé à lui demander la traduction de nos noms de famille et surtout de ceux de mon infortuné et respectable ami *Wassili Michailowitz Golownin*. Je demandai seulement à voir le passage de la lettre où il avoit écrit le nom de cet officier, il y consentit; je comparai les caractères avec ceux qu'il avoit précédemment tracés dans des occasions où il n'avoit aucun motif de m'abuser sur la manière d'écrire le nom de Golownin, et je vis que la conformité étoit parfaite.

Dans cette conjoncture, je chargeai l'un de nos Japonais de porter la lettre au gouverneur de l'île; un bateau le mit à terre en face du lieu de notre ancrage. Il ne tarda pas à être entouré de Kouriliens chevelus qui s'étoient probablement cachés au milieu des hautes herbes pour épier tous nos mouvements. Il entra avec eux dans la forteresse; à peine en touchoit-il le seuil que toutes les batteries se mirent à tirer à boulets sur la baie. C'étoit la première décharge depuis notre arrivée. Je demandai à Leonsaimo pourquoi tout ce vacarme à propos du débarquement d'un seul homme envoyé en parlementaire? Il répondit que l'usage de la contrée l'exigeoit ainsi, qu'on ne tiroit pas en ce moment pour nous tuer, mais uniquement pour faire du bruit.

Ce procédé inattendu des Japonais détruisit toute l'espérance que j'avois conçue du succès de ma mission. Nous attendîmes pendant trois jours dans une anxiété inexprimable, braquant continuellement nos lunettes sur le rivage, sans y apercevoir aucun mouvement; il y régnoit la paix et comme la solitude des tombeaux.

Dès l'approche de la nuit nous mettions constamment le vaisseau dans un bon état de défense; un profond silence n'étoit interrompu de temps en temps que par les cris de ralliement de nos sentinelles, qui servoient à avertir l'ennemi que nous étions sur nos gardes. Le besoin d'eau douce se faisant sentir, j'envoyai un bateau armé remplir nos futailles à une aiguade formée par un ruisseau, ou petite rivière, sur la côte; et, par la même occasion, je crus devoir mettre à terre un second Japonais, avec un nouveau message pour le gouverneur. J'espérois que Leonsaimo consentiroit à écrire à ce sujet une petite lettre; mais il s'y refusa opiniâtrément, en disant que d'après les lois de son pays, dès qu'on n'avoit pas fait réponse à sa première dépêche, il lui étoit interdit d'en adresser une seconde. Il me conseilla de rédiger moi-même mon billet en langue russe, en chargeant le Japonais d'en donner l'interprétation.

Je me conformai à cet avis. Le Japonais revint quelques heures après, disant qu'on l'avoit présenté devant le gouverneur; mais que celui-ci n'avoit pas voulu recevoir mon message. Mon ambassadeur ajouta que les Russes se proposoient d'envoyer des hommes à terre pour prendre de l'eau. Qu'ils prennent de l'eau tant qu'ils voudront, répliqua le gouverneur; mais toi, retourne à l'endroit d'où tu es venu. Il lui tourna en même temps le dos, sans proférer une syllabe de plus. Le même Japonais avoit passé quelque temps avec des Kouriliens dont il n'avoit pu comprendre le langage, et par conséquent il lui avoit été impossible d'en rien apprendre. Il auroit bien voulu demeurer à terre, et avoit même supplié, les larmes aux yeux, le gouverneur de permettre qu'il y passât une seule nuit, mais on l'avoit refusé d'un ton menaçant.

Nous conclûmes de tout cela que le premier messager n'avoit pas obtenu plus de succès, et que cet homme, craignant notre mécontentement s'il apportoit de mauvaises nouvelles, avoit pris le parti de se cacher dans les montagnes, ou de se réfugier dans un autre fort de la même île.

Je me décidai à remplir mes pièces d'eau dans la même journée, et l'on se mit à l'ouvrage dès quatre heures après midi. Les Japonais, qui suivoient tous nos mouvemens d'un œil attentif, se mirent à tirer avant que nos bateaux fussent arrivés sur la côte. Désirant éviter toute hostilité superflue, je donnai à mes embarcations le signal de revenir. Les Japonais cessèrent aussitôt leur feu.

Pendant notre station de six jours dans la baie de la *Trahison*, je me convainquis que l'on se défioit de nous, et que le commandant, cédant selon toute apparence aux ordres de l'autorité supérieure, vouloit s'abstenir de toutes sortes de relations avec les Russes. Quel moyen nous restoit-il donc d'être instruits du sort de nos camarades? Nous nous souvînmes que l'année précédente j'avois fait déposer tous les effets de ces malheureux dans un village abandonné, et nous désirâmes savoir ce que ces paquets étoient devenus. Le lieutenant Filatoff, commandant du brick, fut chargé d'aller visiter ce village avec un détachement de troupes. L'exécution de cet ordre fut le signal d'une nouvelle décharge du fort ; mais l'éloignement ne permettoit pas aux boulets d'atteindre nos gens. Le lieutenant Filatoff revint au bout de quelques heures, et déclara qu'il n'avoit plus rien trouvé dans la maison où avoient été déposés les effets. Cela nous parut d'un bon augure, et nous en conçûmes le foible espoir que nos camarades existoient encore.

J'eus toutes les peines du monde à obtenir de Leonsaimo la traduction en langue du pays d'un court billet, où je suppliois le gouverneur de m'accorder une entrevue. J'aurois bien voulu y expliquer en même temps les causes de la descente effectuée par l'équipage du brick; mais Leonsaimo fut inexorable, et m'assura qu'il se compromettroit par des explications trop verbeuses.

Le Japonais chargé de mon message revint le lendemain : le gouverneur avoit enfin reçu et lu sa lettre, mais n'avoit pas voulu y répondre par écrit. Il s'étoit borné à dire : c'est bon; le capitaine russe peut venir dans la ville, où j'aurai une conférence avec lui.

Une telle réponse équivaloit à un refus ; car c'eût été une folie de ma part de m'exposer à mon tour au sort de M. Golownin. Le gouverneur devinant l'intention du débarquement de M. Filatoff, avoit ajouté : « Que veulent-ils donc? il y a long-temps que ce qu'ils ont mis là n'y est plus. » Un langage aussi équivoque renouvela toutes nos inquiétudes sur la destinée des misérables captifs.

J'envoyai encore un Japonais en parlementaire; mais celui-là ne sachant pas un mot de russe, sa mission fut tout-à-fait inutile. En un mot, je n'avois reçu aucune réponse par écrit à mes différents billets, et je me voyois contraint à abandonner ces parages, sans avoir pu obtenir aucun renseignement. Leonsaimo étoit l'homme qui convenoit le mieux à une telle ambassade; mais j'avois des raisons pour ne me servir de lui qu'à la dernière extrémité. Une fois à terre, il pouvoit être retenu, ou même ne pas se soucier de retourner auprès de nous, et je me voyois privé de mon seul interprète. Cependant, après beaucoup d'hésitations, je ne vis pas d'autre expédient possible, et je l'envoyai à terre, avec un autre de ses compatriotes. Il revint seul, disant qu'il ignoroit ce que son compagnon étoit devenu.

Je lui demandai quel avoit été le résultat de sa conversation avec le gouverneur. Leonsaimo, après beaucoup de préparations et de circonlocutions, et comme s'il craignoit que l'annonce d'une fatale vérité n'attirât sur lui quelque malheur, s'écria : *Ils sont tous morts.*

Le résultat de cette démarche nous plongea dans la consternation; nous ne vîmes plus qu'avec horreur une terre ensanglantée par le meurtre de nos amis, et nous résolûmes d'en tirer vengeance, bien certains que le gouvernement russe ne nous désavoueroit pas. Cependant le gouverneur avoit pu en imposer dans sa réponse à Léonsaimo ; je désirois avoir des preuves positives, et je renvoyai de nouveau mon interprète à terre. Il ne revint plus ; cette circonstance rendit fort douteuse la nouvelle qu'il nous avoit donnée. Alors je résolus de recourir à un autre moyen, pour m'assurer du fait ; c'étoit de saisir quelque embarcation Japonaise, et d'interroger les hommes que j'y ferois prisonniers.

Le 6 septembre nous aperçûmes de grand matin un petit esquif japonais que je fis prendre par deux chaloupes armées, sans coup férir. Les hommes qui montoient ce bateau étoient deux Japonais et un Kourilien. Ils furent tellement effrayés qu'ils se jetèrent à nos pieds en sanglotant et versant des larmes. Leur seule exclamation qu'ils répétoient sans cesse, étoit *Ehé! Ehé!* Toutes nos caresses ne purent obtenir d'eux aucun autre son articulé, pas plus que s'ils eussent été des brutes.

Le lendemain matin nous découvrîmes une jonque d'une grande dimension. Le lieutenant Rudatoff fut chargé de s'en emparer. (*Voyez dans la planche en regard la forme de deux jonques japonaises.*) La résistance des Japonais fut presque nulle; deux coups tirés en l'air par nos gens, suffirent pour les déterminer à se

Barques Japonaises.

rendre; mais comme le rivage étoit près, plusieurs de ces malheureux essayèrent de s'y réfugier à la nage (1).

Il en restoit encore soixante, dont le chef me fut amené. Ses habillements riches et de couleur jaune, le grand sabre qu'il portoit à son côté, et d'autres signes annonçoient en lui un personnage important, je le fis conduire dans ma chambre. Il me salua avec toutes les démonstrations d'humilité en usage au Japon. Je l'engageai à calmer ses inquiétudes, et le fis asseoir sur une chaise ; je lui adressai aussitôt plusieurs questions en me servant du peu de mots japonais que j'avois pu retenir des

(1) M. Golownin dit dans sa relation qu'il y en eut neuf de noyés.

leçons de Leonsaimo. J'appris de lui qu'il se nommoit Takatai-Kachi, et occupoit le rang de *sindofnamotsch*; ce qui veut dire commandant et propriétaire de plusieurs vaisseaux. Si j'ai bien entendu, il possédoit dix navires. Il venoit avec sa jonque de l'île d'Irutup et se proposoit de se rendre à Chakodade dans l'île de Matsmai. Sa cargaison consistoit en poissons secs, et des vents contraires l'avoient obligé de chercher un asile dans la baie de Kunaschir.

Afin de mettre Kachi au courant de tout ce qui nous intéressoit, je lui fis lire la lettre que Leonsaimo avoit écrite au commandant de l'île. Après cette lecture, il dit avec vivacité : Le capitaine Moor et cinq Russes se trouvent dans la ville de Matsmai.

Je lui demandai plus de détails; alors il me fit connoître par quelles villes ils avoient passé et le temps précis de leur séjour dans chacune d'elles. Je lui demandai quelle étoit la taille de M. Moor, et il me donna son signalement exact. Une seule chose nous empêchoit de nous livrer à la joie, c'étoit que le nom de Golownin lui fût inconnu.

Il étoit tout naturel que dans sa situation Takatai-Kachi voulût nous rassurer sur l'existence de nos amis; mais comment auroit-il pu rapporter des détails aussi minutieux? D'un autre côté la nouvelle que nous avoit transmise Leonsaimo étoit tout-à-fait inconcevable. Comment se seroit-il prêté à nous tromper aussi grossièrement? Peut-être agissoit-il ainsi par rancune de la conduite de M. Chwostoff; peut-être aussi craignoit-il d'être retenu comme ôtage, si nous apprenions que nos amis existoient encore? Au surplus je ne le voyois point reparoître, et ne recevois de lui aucune autre nouvelle.

Ce qu'il y avoit de plus vraisemblable, c'étoit que les prisonniers russes n'avoient point été égorgés. Je crus donc devoir renoncer à mes projets de vengeance, et me décidai à emmener Takatai-Kachi avec moi au Kamtschatka, afin de demander à mon gouvernement sur les renseignemens que je venois d'obtenir des instructions ultérieures.

J'annonçai à ce chef qu'il devoit

me suivre en Russie; il n'en fut point ému : j'ajoutai que, selon toute apparence, Golownin, Moor et nos autres compagnons n'existoient plus, puisque le gouverneur de l'île lui-même l'avoit déclaré. C'est une fausseté, interrompit le Japonais; le capitaine Moor et cinq autres Russes sont vivants et bien portants à Matsmai; ils ont même la liberté de se promener dans la ville sous l'escorte de deux employés du gouvernement. Je persistai à dire que j'allois l'emmener. Il me répondit qu'il étoit prêt à me suivre; qu'il me conjuroit seulement de ne pas l'abandonner en Russie, et de vouloir bien le ramener l'année suivante dans sa patrie. Je lui en donnai l'assurance, et il parut se résigner à son malheur.

Les quatre Japonais qui restoient avec nous n'entendant pas un seul mot de russe, ne pouvoient nous être d'aucune utilité ; d'ailleurs ils étoient attaqués du scorbut, et il y avoit tout lieu de croire que s'ils retournoient au Kamtschatka, ils y périroient. Je crus donc devoir les mettre en liberté, mais les remplacer par quatre matelots de la jonque qui serviroient leur maître, et je lui en laissai à lui-même le choix.

Takatai-Kachi me conjura de n'emmener aucun de ses matelots, parce qu'ils craignoient excessivement les Russes, et qu'il seroit impossible de rien faire avec des hommes aussi timides. Ses instances m'inspirèrent des doutes sur la réalité de l'existence de nos camarades à Matsmai, et je persistai dans ma première résolution. Il me pria seulement de venir avec lui à bord de sa jonque, pour être témoin de son choix.

Kachi rassembla tous les hommes qui étoient sous ses ordres, se plaça, les jambes croisées, sur un grand coussin qu'on avoit arrangé au milieu d'une natte simple et très-propre, et me pria de m'asseoir à côté de lui. Les matelots se tenoient à genoux à une certaine distance. Il leur fit une longue harangue, dans laquelle il leur déclara que quatre d'entre eux devoient faire avec lui le voyage de Russie.

Ici commença une scène des plus touchantes. Les matelots, vivement émus, versoient des larmes : Takatai lui-même perdit un peu de la fermeté qu'il avoit montrée jusque-là. A ce spectacle, je fus tenté de renoncer à mon dessein; mais la nécessité me faisoit une loi inflexible.

J'eus tout lieu depuis de m'applaudir d'avoir insisté. Takatai-Kachi étoit accoutumé à vivre avec aisance, et même avec un luxe asiatique, et il auroit été fort embarrassé loin de ses domestiques japonais : il y en avoit toujours deux de service auprès de lui.

Lorsque les quatre matelots qui devoient faire le voyage furent désignés, je ne négligeai rien pour persuader à tous ces hommes que les Russes n'étoient point les ennemis, mais les amis des Japonais, et qu'un fâcheux incident avoit pu seul rompre la bonne intelligence entre les deux nations.

Le même jour, d'après mon invitation, une femme qui se trouvoit sur la jonque fut conduite à mon bord. Elle avoit été l'inséparable compagne de Takatai-Kachi, depuis Chakodade, lieu de sa naissance, jusqu'à Iturup (1). Elle montroit beaucoup de curiosité pour voir notre vaisseau et

(1) Les deux versions allemandes que j'ai sous les yeux, celle de Kotzebue et celle de Schultz emploient la même expression pour désigner la belle voyageuse et l'appellent la compagne inséparable de Kachi, *Unzertrennliche begleiterin*. Cependant on verra plus loin qu'elle n'étoit pas son épouse, et l'auteur de la relation n'a pas songé à expliquer le mystère que fait naître le vague de ces expressions (*Note du traducteur.*)

des *ennemis* dont l'accoutrement étoit si nouveau pour elle. La vue d'une femme japonaise n'étoit pas pour nous un spectacle moins intéressant. En entrant sur le vaisseau, elle montra d'abord une timidité excessive. Je priai Kachi de la faire entrer dans ma chambre, en la prenant par une main, et je m'emparai de l'autre. Elle vouloit, selon l'usage japonais, laisser ses chaussures à la porte; mais je lui fis entendre par signes que nous n'avions dans nos chambres ni nattes, ni tapis, et qu'une telle marque de civilité seroit beaucoup trop onéreuse pour nos hôtes. Elle mit en entrant ses deux mains par dessus sa tête, la paume en dehors, et nous fit une profonde révérence. Je lui présentai une chaise, et Kachi lui dit de s'asseoir.

Par bonheur pour notre belle hôtesse, il se trouvoit sur le bâtiment une jeune et jolie dame, qui étoit la femme de notre jeune chirurgien. Lorsque la voyageuse l'aperçut elle en ressentit beaucoup de plaisir, et lui sourit comme à une ancienne connoissance.

La dame russe entama aussitôt avec l'étrangère le genre de conversation qui plaît le plus aux dames de tous les pays. Elles s'occupèrent réciproquement de leur toilette. La compagne de Kachi étoit évidemment une femme de bon ton; elle examinoit avec une attention extrême les plus petits détails de la parure de la dame russe, donnoit son approbation à ce qui lui paroissoit ingénieux ou élégant, et quelquefois exprimoit son étonnement par un agréable sourire. Ce qu'elle admiroit le plus, c'étoit la blancheur du teint de la femme du chirurgien. Elle passoit légèrement la main sur ses joues, comme pour s'assurer si cette blancheur n'étoit pas factice, et se mettoit à rire en s'écriant à plusieurs reprises : yooy! yooy! c'est-à-dire, c'est charmant!

Comme elle aimoit les objets nouveaux je lui présentai un miroir afin qu'elle pût juger s'il rendoit bien ses attraits. La dame Russe se mit derrière elle ; on eût dit que c'étoit par une sorte de calcul, et pour mieux faire ressortir à son propre avantage, le contraste de leur teint. La Japonaise me rendit le miroir, d'un air naïf, en disant *varii ! varii !* c'est-à-dire, cela n'est pas très-beau !

Cependant elle étoit fort jolie, sa figure brune et allongée ne manquoit point de régularité ; sa bouche charmante s'entr'ouvroit à peine pour laisser voir des dents qu'elle s'étoit plue à noircir selon la mode du pays ; des sourcils noirs et comme tracés au pinceau, surmontoient des yeux noirs, vifs et à fleur de tête. Sa chevelure couleur de jaïs étoit arrangée en forme de turban, sans autre ornement que de petites aiguilles terminées par des plaques légères. Sa taille étoit médiocre, mais svelte et bien prise. Son habillement consistoit en six robes de gaze ou de soie, garnies d'une ouate très-fine et fort amples; chacun de ces vêtemens étoit serré à l'aide d'un ruban particulier depuis la ceinture jusqu'en bas. Ils étoient tous de couleur différente, et la dernière robe étoit noire. Sa voix étoit foible et traînante, mais pleine de charme; ajoutez à cela une physionomie très-expressive, et l'on jugera de l'impression que pouvoit faire sur nous une semblable personne âgée seulement de dix-huit ans.

Nous lui offrîmes du thé et des biscotes fabriquées à la manière de notre pays. Elle but et mangea avec grâce; lorsqu'elle prit congé de nous, quelques présens que je lui fis parurent lui plaire. Je dis à la femme du chirurgien de l'embrasser; la japonaise s'apercevant de son intention courut à elle la première avec une grâce inexprimable. Enfin nous l'envoyâmes à terre sur la même barque par laquelle j'adressai au gouverneur la lettre de Takataï-Kachi.

Je croyois fermement que je recevrois la réponse du gouverneur, ne fût-ce que par égard pour Kachi qui se trouvoit désormais comme ôtage entre mes mains; j'espérois du moins qu'on m'enverroit Leonsaimo, que Kachi réclamoit expressément pour interprète; mais mon attente fut inutile, et lorsque nos bateaux voulurent se rendre à l'aiguade, une batterie de quatre canons tira sur eux à boulet. Il ne nous étoit plus possible de méconnoître l'ordre formel qu'avoit reçu le commandant du gouvernement de Iédo, portant défense de communiquer avec nous. Toutefois je m'abstins de nouvelles hostilités, et je résolus de retourner au Kamtschatka avec nos prisonniers pour faire de nouvelles dispositions.

Avant que je remisse à la voile, Takatai-Kachi me pria de faire voir à son équipage les détails de mon bâtiment. On les amena l'un après l'autre et ils observèrent avec curiosité des choses toutes nouvelles pour eux. Ce qui les étonna le plus ce furent les moufles ou assemblages de poulies, et l'agilité avec laquelle nos marins grimpoient sur les mâts et sur les hunes. On les conduisit dans ma chambre où ils donnèrent les mêmes témoignages de respect que si j'eusse été présent. Ils burent dans de petites tasses d'argent de l'eau de vie russe, ce qui les rendit plus hardis et acheva de les mettre à leur aise. Déjà ils commençoient à s'entendre avec nos matelots dont ils admiroient les vêtements de toile, les boutons de métal et les mouchoirs de couleur ; ils se procurèrent même quelques-uns de ces objets en les échangeant contre des bagatelles japonaises.

Takatai-Kachi voyant sur le tillac quelques futailles vides qui annonçoient la pénurie de notre provision d'eau, conçut une idée toute simple, ce fut de les remplir avec l'eau même dont sa propre jonque étoit abondamment pourvue. Ses matelots furent aussitôt occupés à remplir nos futailles aux dépens des leurs. C'étoit une chose aussi agréable que surprenante d'éprouver tout-à-coup l'amitié de gens que nous avions traités en ennemis. Enfin les matelots japonais ayant pris congé de nous, se retirèrent en chantant sur leur barque.

Le soir nous poussâmes au large, et à l'instant même toutes les batteries du fort tirèrent sur nous à boulet. On croyoit sans doute que notre changement de position n'avoit pour objet que de nous rapprocher du fort, et de commencer une attaque sérieuse. A une si grande distance, c'étoit brûler de la poudre en pure perte, et nous ne pouvions qu'en rire. Notre hôte lui-même s'en moqua, et dit : Il faut avouer que Kunaschir est un bien mauvais endroit pour les Russes; ils seroient mieux reçus à Nangasacki.

J'épargnerai à mes lecteurs le détail de cette navigation, et je rendrai compte plus volontiers de mes conversations avec Takatai-Kachi. Ce brave homme que j'avois sans cesse dans ma chambre, me donnoit, à mon extrême surprise, de nouvelles occasions de le mieux apprécier. Depuis long-temps je m'étois efforcé inutilement d'apprendre de sa bouche des nouvelles de M. Golownin. Il me disoit toujours qu'il n'avoit pas entendu parler de lui. Sachant bien que les noms propres russes pouvoient n'être pas bien saisis par une oreille japonaise, je prononçai de toutes les manières possibles le nom de Golownin ; enfin, à ma joie inexprimable, il s'écria : « Je sais ce que vous voulez dire; c'est *Choworin*, il est comme les autres à Matsmai ; nos Japonais le regardent comme un Damio Russe, (c'est-à-dire un officier du premier rang) ».

Alors il entra dans des détails plus particuliers, et je n'eus aucun doute qu'il n'eût vu M. Golownin, dont il me dépeignit la taille comme élevée, et la corpulence comme moins forte que celle de M. Moor. (1) Toutes les

(1) On ne doit pas être surpris que le nom de Moor, simple lieutenant, fût mieux connu de beaucoup de Japonais que celui de son chef. On lit dans le voyage de M. Golownin que Moor avoit conçu le projet de rester au Japon et de se rendre utile au gouvernement de cet empire par sa connoissance des langues et des sciences d'Europe. Ce projet en excitant l'indignation de ses compagnons d'infortune, devoit le populariser parmi les naturels. C'est ainsi, par exemple, qu'aucun d'eux n'ignoroit qu'un transfuge hollandais, nommé Laxmann y

circonstances qu'il ajouta, ne nous laissèrent aucun doute, et nous remerciâmes la Providence d'avoir mis en nos mains un homme qui pouvoit nous donner des renseignements aussi précieux.

Je voulus aussi m'assurer s'il n'y auroit pas quelque malentendu au sujet de Leonsaimo, regardant comme à-peu-près impossible qu'un homme tel que Takatai-Kachi ne le connût pas. Je répétai tous les noms que Leonsaimo s'étoit attribués devant

étoit établi à Iedo. Quant au lieutenant Moor, on a vu dans la relation de Golownin qu'il fut remis en liberté avec les autres, et qu'étant arrivé au Kamtschatka, il commit un suicide en se tirant un coup de fusil. (*Note du traducteur.*)

nous, tels que Nagatscheva, Tomogero, Chorodsi, etc. Notre vieux Japonais m'arrêta à ce dernier nom. Chorodsï, s'écria-t-il, je le connois parfaitement ; n'est-ce pas lui qui s'est fait passer en Russie pour un oyagoda (pour un chef) des îles Kuriles ? — Oui sans doute, répondis-je, il a même ajouté qu'il étoit très-riche. Kachi se mit à rire, il assura que l'emploi de Leonsaimo n'étoit autre que celui de *Banin* ou de préposé à la vente des poissons, et que c'étoit un homme de rien, qui avoit même épousé la fille d'un Aïno à cheveux crépus. Il proféra ces derniers mots d'un ton de mépris, et fit un geste pour m'annoncer que si l'on découvroit au Japon la fourberie de Leonsaimo, il pourroit bien lui en coûter la tête.

Le 22 septembre nous découvrîmes le sommet du volcan éteint du Kamtschatka, lequel étoit tout couvert de neige, mais la verdure paroit encore les vallées et la température de l'air étoit d'une chaleur modérée. Mon premier soin fut de faire mettre à terre notre bon Japonais. Il paroissoit très-fatigué et très-souffrant, mais ce qui le tourmentoit, c'étoient véritablement moins les peines du voyage que la crainte qu'on n'usât envers lui de représailles, et qu'on ne le traitât comme ses compatriotes en avoient usé envers M. Golownin et ses subordonnés. J'eus le bonheur de le rassurer à cet égard, et me concertai avec lui sur ce que je devois faire ; d'après ses conseils, j'écrivis au gouverneur d'Ochotzk que je le priois de m'envoyer une note officielle du gouverneur général de la Sibérie, pour le chef militaire de Matsmai, disant que Taka-tai-Kachi devoit remettre cette dépêche en personne au commandant de Matsmai, et nous rendre ensuite réponse à Kunaschir.

Pendant les trois premiers mois de l'hiver, Kachi se porta assez bien, mais la mort de deux de ses matelots le fit tomber dans l'abattement, et lui inspira une sombre mélancolie; en un mot, sa santé devint de plus en plus chancelante; il déclara au chirurgien qu'il se sentoit attaqué du scorbut et qu'il en mourroit. La véritable indisposition de Kachi, c'étoit ce qu'on appelle *le mal du pays*, et la crainte d'être indéfiniment retenu comme ôtage à Ochotzk où je devois le conduire. Cependant le succès de l'entreprise dépendoit essentiellement de son retour aux iles du Japon; je lui déclarai en conséquence que si la réponse du gouverneur d'Irkutzk se faisoit trop attendre, je partirois avant de l'avoir reçue. Cette nouvelle combla Kachi de joie. Dans son allégresse, il appela les deux domestiques qui lui restoient, et passa avec eux dans un cabinet. Je croyois que c'étoit pour faire quelque prière. Quelle fut ma surprise de le voir sortir bientôt après en habit de cérémonie, le sabre au côté et ses matelots derrière lui, et me faire avec toute la gravité japonaise une harangue de remercîments? Touché d'un si bon procédé, je me décidai de plus en plus à tenir ma parole.

Au mois d'avril, lorsque tout étoit prêt pour mon départ, je reçus du gouverneur d'Irkutzk ma nomination de commandant de Kamtschatka, avec ordre de laisser pour me remplacer pendant mon voyage au Japon le lieutenant Rudakoff.

Le 23 mai nous partîmes de la rade d'Awatscka, et au bout de quinze jours de navigation nous nous trouvâmes de nouveau dans la baie de *la Trahison*, à l'endroit où nous avions mouillé l'année précédente. La forteresse étoit comme de coutume tapissée d'étoffes rayées et l'on n'y apercevoit pas un seul individu vivant. Kachi m'avoit conseillé de faire débarquer d'abord ses deux matelots. Etes-vous sûr qu'on les laissera revenir, demandai-je? Assurément, répondit Kachi. Hé bien! poursuivis-je, en me tournant vers ces deux hommes, dites au commandant de Kunaschir, que s'il vous retient, je remenerai votre maître à Ochotzk, d'où l'on ne tardera pas à envoyer cette année même des vaisseaux de guerre pour obtenir à main armée la délivrance de nos compatriotes. Je ne lui donne que trois jours pour me remettre sa réponse.

A ces mots, Kachi changea de visage. « Commandant du vaisseau impérial, dit-il, en me donnant un titre qu'il n'employoit jamais que dans des occasions solennelles, tu connois peu nos lois et nos usages;

si le commandant de Kunaschir juge à propos de retenir mes deux hommes, c'est qu'il fera peu de cas de moi, et qu'il ne voudroit pas accepter pour ma rançon même deux mille autres matelots. D'ailleurs, songe qu'il n'est pas en ton pouvoir de me ramener à Ochotzk, tu violerois ta promesse la plus sacrée. »

Je fis comprendre à ce bon vieillard, que je n'étois pas maître de mes actions, que j'étois responsable envers mon gouvernement du succès de mon entreprise. Alors il se tourna vers ses domestiques, et leur donna des instructions sur tout ce qu'ils devoient annoncer de sa part au gouverneur de Kunaschir pour le bien disposer en faveur des Russes : il alla même jusqu'à leur ordonner de déclarer qu'il n'avoit pas été conduit de force, mais volontairement au Kamtschatka. Avant qu'ils montassent dans la chaloupe qui devoit le conduire au rivage, Kachi leur remit l'image d'une divinité japonaise, devant laquelle ils avoient prié, et les chargea de la faire parvenir à sa femme. Il leur donna aussi son grand sabre qu'il appeloit son *sabre paternel*, parce qu'il le destinoit pour héritage à son fils. (1) Devenu plus calme, il me demanda de l'eau-de-vie pour ses gens, en but

(1) On voit dans la description des Cérémonies des Mariages par M. Titsingh que les Japonais attachent à la possession d'un sabre et à sa transmission dans une famille une influence extraordinaire pour chasser les mauvais génies. (*Note du traducteur.*)

avec eux et les conduisit jusque sur le tillac. Ils furent menés aussitôt à terre et entrèrent sans obstacles dans la forteresse.

La conduite de Kachi me touchoit de plus en plus, et j'étois bien loin de vouloir accomplir ma menace ; je résolus même à tout événement, soit que les matelots revinssent, soit qu'ils ne revinssent pas, de lui rendre définitivement la liberté. Je le conduisis en effet moi-même à terre le lendemain. Comme nous approchions de la côte, nous vîmes sortir du fort deux matelots qui étoient précisément les domestiques de Kachi. Rien ne sauroit égaler le plaisir que me causa ce spectacle. Nous les attendîmes derrière un petit ruisseau ou aiguade en face de notre mouillage.

Ils annoncèrent à leur maître que le commandant de Kunaschir les avoit très-bien reçus, et qu'il me permettoit de remplir mes pièces d'eau, pourvu toutefois que mes gens ne passassent point de l'autre côté de l'aiguade.

Ces deux braves gens avoient eu l'imprudence de porter à terre quelques-unes des bagatelles que nous leur avions données comme présents. Le commandant demanda à les voir, mais leur ordonna de nous les rendre. Ils les rapportèrent dans un petit paquet. Je crus voir en cela une annonce de desseins hostiles, mais Kachi n'y trouva rien d'extraordinaire, parce que les lois du pays sont inflexibles sur ce point, et défendent d'accepter les cadeaux offerts par les étrangers.

Au moment de me séparer de Kachi, je déchirai un mouchoir blanc et lui en donnai la moitié en disant : Si tu es mon ami tu ne laisseras pas écouler un jour, deux jours, ou tout au plus trois jours sans me rapporter cette partie. Le bon Japonais me répondit avec enthousiasme : La mort seule m'empêcheroit d'accomplir ma promesse ; dès demain je reviendrai au vaisseau et te rendrai réponse.

Kachi se montra fidèle à sa parole. Dans la matinée du jour suivant, on m'annonça que deux Japonais sortoient de la forteresse et que l'un d'eux agitoit un morceau d'étoffe blanche. Je reconnus notre bon Kachi, et j'envoyai une chaloupe pour le prendre. Kachi me remit de la part du gouverneur même de Matsmai une dépêche en langue japonaise, avec une traduction russe faite selon, toute apparence, par nos prisonniers. On m'y faisoit la proposition de me rendre à Chakodade, ville maritime de l'île de Matsmai pour entrer en négociations. Quelques jours après, Kachi combla mes espérances en m'apportant une lettre sur l'enveloppe de laquelle je reconnus sur le champ l'écriture de M. Golownin. A en juger par l'énorme grandeur du papier, cette lettre sembloit devoir contenir la relation complette des aventures et des tribulations de nos amis pendant deux années entières, mais il n'y avoit que ces lignes :

« Nous tous officiers et matelots, nous vivons ainsi que le Kourilien Alexeï, et nous sommes à Matsmaï. »

« Ce 10 mai, 1813, Vassili Golownin, Fedor Moor. »

Je compris que de peur de donner de l'ombrage aux Japonais, mon respectable ami, n'avoit pas osé m'en écrire davantage. Je donnai aussitôt lecture de cette lettre sur le pont où tout l'équipage étoit rassemblé. Plusieurs matelots pour mieux s'assurer du fait voulurent lire la lettre eux-mêmes et reconnoître l'écriture de leur ancien commandant. On ne sauroit peindre les transports de leur reconnoissance envers Kachi. Je fis faire une distribution extraordinaire d'eau-de-vie, et nous bûmes à la santé de notre ancien chef et de nos camarades que nous étions résolus de délivrer au péril de notre vie.

Le respectable vieillard, devenu pour nous une seconde providence, étoit lui-même dans l'ivresse de la joie, car il avoit reçu par la même voie des nouvelles de son fils. Voici la manière fort étrange dont la lettre lui avoit été remise, par une sorte de contravention indirecte aux usages du pays.

D'après les lois du Japon, il est défendu à quiconque arrive des pays étrangers de communiquer par écrit avec sa famille jusqu'à ce qu'il en ait obtenu la permission de l'autorité compétente. Le gouverneur de l'île avoit fait appeler Kachi comme pour l'entretenir de nos affaires, et s'étoit bien gardé de lui parler de sa famille; mais tout en conversant il se promenoit en long et en large dans son appartement, et il laissa tomber comme par hasard de sa ceinture une lettre que Kachi eut le temps de ramasser; l'intelligent vieillard jugea que c'étoit une manière indirecte de lui remettre la lettre, ce qu'on n'auroit pu faire ouvertement sans transgresser les formes établies; il s'empara donc du précieux papier et l'apporta à notre bord.

Le fils de notre bienfaiteur l'informoit que son commerce n'avoit point souffert de son absence, qu'au contraire, il avoit équipé deux nouveaux navires. Sa mère et sa femme, au sujet desquelles Kachi nous montroit souvent de vives inquiétudes, se portoient fort bien; mais la dernière avoit fait vœu de se rendre en pélerinage auprès d'une divinité fameuse du Japon, et elle n'étoit pas encore de retour. Il lui annonçoit encore qu'un homme riche, son fidèle et ancien ami, informé de la captivité de Kachi parmi les Russes, en avoit ressenti une si douloureuse impression, qu'il avoit partagé son bien aux pauvres, et s'étoit retiré dans un ermitage des montagnes.

Quel exemple de dévouement et d'amitié! Vous êtes bien riche, dis-je au vertueux vieillard, après avoir pris connoissance de ces détails; vous êtes riche, puisque vous possédez un ami. Je suis encore plus heureux, répondit-il avec effusion, car j'en possède deux. Et il me serra dans ses bras.

Ce jour fut le plus beau de ma vie. Pouvoit-on exprimer avec plus d'énergie, et en même temps d'une manière plus ingénieuse, plus délicate, les sentiments de la reconnoissance? Lorsque notre ami retourna à terre, les matelots, d'un mouvement spontané firent retentir l'air de *hourrah!* suivant la coutume des Russes qui célèbrent ainsi toutes les occasions joyeuses.

Le 26 juillet, Kachi nous apprit qu'on venoit de recevoir des dépêches de Matsmai. Elles annonçoient que le premier officier de cette ville, après le gouverneur, se rendoit auprès de nous dans une jonque impériale, avec le Kourilien Alexeï et un simple matelot; on n'avoit pas voulu qu'aucun officier russe, fît le voyage (1). En effet, il s'étoit à peine écoulé quelques heures, lorsque nous vîmes entrer dans la baie une embarcation élégante, et Kachi nous déclara que le cercle de couleur rouge tracé sur la voile désignoit que ce bâtiment appartenoit à la marine militaire impériale. La coque du bâtiment étoit bariolée de rouge; des tendelets d'étoffes rayées garnissoient les bordages; on voyoit flotter auprès du gouvernail trois pavillons de différentes couleurs et il s'y trouvoit de plus quatre lances avec des banderolles noires. C'est d'après le nombre des lances que l'on reconnoît au Japon le rang des offi-

(1) Lisez cette partie de la Relation de M. Golownin.

ciers en présence de qui on les porte.

Nous vîmes au même instant sortir de la forteresse de petits esquifs pavoisés qui allèrent au-devant de la jonque impériale. L'obscurité qui survint ne nous permit pas de voir les solennités qui durent être pratiquées pour la réception de l'envoyé de Matsmai.

Dans la matinée du jour suivant, plusieurs de nos gens étoient occupés à puiser de l'eau à l'aiguade, lorsqu'ils virent de loin, Kachi, lequel agitoit un mouchoir blanc attaché à son sabre; ils reconnurent, près de lui, un matelot, leur camarade, faisant partie des prisonniers. Je ne saurais décrire l'effet d'une scène aussi touchante; dans leurs transports d'allégresse, nos gens oublièrent un instant la condition qui leur étoit imposée de ne point franchir l'autre rive du ruisseau ; mais ils étoient trop avides d'embrasser leurs camarades, pour se renfermer dans l'observation rigoureuse de la consigne. Ils l'entourèrent en l'appelant, par son nom, Simonoff! Simonoff! Cet excellent homme, dans la vivacité de son émotion, ne put leur répondre que par ses larmes. La même scène se renouvela à bord. J'embrassai Simonoff, et lui demandai des nouvelles des captifs de Matsmaï. Dieu soit loué! répondit-il, nos camarades sont encore en vie, mais ils ne se portent pas très-bien, surtout le contre-maître, qui est dangereusement malade. Je ne crus pas devoir retarder plus long-temps l'impatience qu'avoient ses camarades, de le fêter, en l'accablant de questions sur mon ami Golownin.

Takatai-Kachi avoit quelque chose à me communiquer de la part du délégué de Matsmai, nommé Takahassy-Sampey, et de peur d'oublier quelque circonstance importante, il en avoit tenu note sur ses tablettes en ces termes :

« Takahassy - Sampey présente ses civilités au commandant du Kamtschatka, et lui annonce qu'il s'est rendu à Kunaschir par ordre de l'Obunjo-Suma, (le gouverneur de Matsmai) à l'effet de traiter avec lui pour la délivrance des Russes. Takahassy-Samprey regrette beaucoup que les coutumes du pays ne lui permettent pas de venir faire une visite en personne au gouverneur de Kamtschatka. Il a pris une part sincère aux peines et aux fatigues de tout genre qu'ont dû souffrir les officiers et les hommes de l'équipage, dans leurs fréquents voyages au Kamtschatka : il gémit sur ce qui s'est passé, et il a amené, avec la permission de l'Obunjo-Sama, un des prisonniers russes. Takahassy-Sampey déclare en outre au commandant du Kamtschatka, qu'il a autorisé Takatai-Kachi à ouvrir avec lui des négociations préliminaires ; mais sous les bases suivantes :

« 1°. Vous nous apporterez une note officielle signée de deux de vos principaux commandants, portant désaveu formel de la conduite de Chwostoff, et des actes d'hostilité qu'il s'est permis, soit dans les Kouriles, soit à Sackalin.

« 2°. Il est bien connu qu'après s'être emparé des magasins de riz et d'autres denrées appartenant à des particuliers, Chwostoff les a transportés à Ochotzk, et qu'il s'est également rendu maître des armes et munitions de guerre, consistant en cuirasses, flèches, fusils et quelques canons. Notre gouvernement convient que les denrées ne doivent plus exister, et que la restitution en seroit impossible; mais les autres objets doivent se trouver encore en nature, et il ne faudroit pas que dans la suite des temps les Russes pussent en faire des trophées pour s'attribuer un droit de conquête sur nos possessions. Nous ne demandons pas qu'on nous les restitue, cela seroit peut-être trop difficile ; mais nous voulons que le commandant d'Ochotzk déclare par écrit qu'après les recherches les plus exactes, il n'a pu rien retrouver des effets emportés des îles Kouriles par Chwostoff. »

On remarquera ici la finesse en même temps que la modération du gouvernement japonais. Il étoit évident qu'il tenoit de bonne source, c'est-à-dire de Leonsaimo, des informations sur ce que les objets enlevés par Chwostoff étoient devenus.

Dans la suite de cette note, le même envoyé disoit que nous trouverions à Chakodade lui et son collègue, nommé Kodsimoto-Chiogero, avec lequel tous les arrangemens ultérieurs pouvoient être discutés.

Enfin il assuroit que la cour de Iédo s'étoit déjà décidée sur la mise en liberté de nos prisonniers, et qu'il ne restoit plus à remplir que des formalités légères. Il nous souhaitoit donc un bon voyage, et un prompt retour à Chakodade.

Le brave Takatai-Kachi n'avoit pas encore accompli toutes les commissions dont il avoit été chargé. Remarquant l'impatience qu'il avoit de m'entretenir en particulier, je le fis passer dans ma chambre. Kachi, se voyant seul avec moi, tira de dessous sa robe une grande feuille de papier très-mince, artistement pliée et toute couverte d'écriture; puis il me dit, en me remettant ce papier : « Voici une lettre de votre ami Golownin. Je suis parvenu à la soustraire aux recherches jalouses des Japonais : c'est sans doute une description de ses souffrances, et un avis sur la conduite que vous devez tenir. »

Je fus long-temps sans avoir la force de rompre le cachet de cette missive : d'un côté la surprise, de l'autre la crainte d'y trouver quelque chose de fâcheux, me retenoient et me rendoient comme interdit. Je l'ouvris enfin, et j'y remarquai de plus deux autres petits papiers écrits avec un goût merveilleux par notre bon camarade M. Chlebnikoff. Revenu tout-à-fait à moi, je pris connoissance de la lettre, et j'y vis avec une joie inexprimable que ces infortunés avoient l'espoir de retourner dans leur patrie. Voici en quels termes elle étoit conçue :

« Mon cher ami Pierre Iwanowitch (1),

« Il paroît que les Japonais commencent à juger mieux de notre affaire. Ils sont prêts à se convaincre que notre gouvernement n'a jamais eu à leur égard que des dispositions pacifiques, et que Chowstoff, ayant agi absolument sans pouvoirs, a encouru la disgrâce de notre souverain. Cependant ils exigent une déclaration formelle et par écrit du gouverneur de la Sibérie, ou de tout autre grand fonctionnaire, avec le sceau de la couronne. Il y a tout lieu d'espérer qu'après avoir reçu de

(1) C'est-à-dire Ricord fils de Jean. C'est la coutume des Russes de réunir toujours au prénom du fils celui de son père. (*Note du traducteur.*)

notre gouvernement les protestations désirables, ils consentiront à ouvrir avec la Russie des relations commerciales; car ils se plaignent beaucoup des procédés des Hollandais. Nous leur avons affirmé un fait qu'ils ne connoissoient pas encore; savoir, que les Anglais avoient intercepté une lettre dans laquelle les interprètes hollandais de Nangasaki se vantoient d'être parvenus par leurs intrigues à brouiller M. de Résanoff avec les Japonais. Cependant, si vous entamez quelques négociations avec les fonctionnaires de ce pays, mettez-y toute la prudence possible; ne sortez point de vos bateaux sous prétexte d'une conférence, et ne vous approchez jamais du rivage hors de portée du canon. Ne vous étonnez pas non plus de leurs lenteurs. Nous savons que les moindres affaires, qui en Europe se termineroient en deux ou trois jours, exigent ici des mois entiers de pourparlers. Il est en général quatre choses dont vous ne devez pas vous départir : l'extrême circonspection, la patience, la politesse et la franchise. De votre adresse dépendent non-seulement notre délivrance, mais aussi quelque bien en faveur de notre pays. J'espère que les maux que nous avons subis feront regagner à notre patrie tous les avantages que l'étourderie de Chowtoff lui a fait perdre.

« Le fond de ma pensée à ce sujet vous sera plus clairement expliqué par le matelot qui a obtenu la permission d'aller vous rejoindre, et à qui j'ai donné toutes les instructions nécessaires. Comme il étoit impossible de lui remettre aucun papier, je me suis abstenu d'écrire au ministre; mais vous savez que, dévoué à la gloire de mon prince et aux intérêts de mon pays, je consacre entièrement ma vie à leurs services. Qu'importe, après tout, pour moi de mourir aujourd'hui ou dans un espace de dix ou douze années? C'est la même chose de trouver la fin de sa carrière dans une bataille, ou de succomber sous les coups de perfides meurtriers. La mort que l'on reçoit au sein des flots ou dans son lit est toujours la mort.

« Je te conjure, mon cher ami, de donner de mes nouvelles à mon frère et à mes amis. Peut-être la destinée me permettra-t-elle de les revoir encore : si ce bonheur m'est refusé, dis-leur qu'ils ne doivent pas me plaindre, et que je leur souhaite une félicité parfaite. Il est une autre recommandation que je dois te faire. Ne souffre pas que personne de l'équipage m'écrive ou m'envoie la moindre chose ; car on m'accableroit de questions, et la traduction même des plus innocens messages deviendroit pour moi la source d'interminables tourments : c'est toi seul que je prie de me donner de tes nouvelles, et le plus succinctement possible.

« Tu me feras plaisir de procurer, sur mon arriéré de solde, 500 roubles au matelot qui a été le compagnon de ma captivité. Nos camarades me chargent de te transmettre l'expression de leur estime. Quant à moi, j'éprouve une reconnoissance qu'il seroit difficile d'exprimer, pour toutes les peines que vous a occasionnées et vous occasionnera encore le désir de nous délivrer. Adieu, très-cher ami, adieu vous tous que je porte dans mon cœur; cette lettre est peut-être la dernière que vous recevrez de moi!.... Portez-vous bien, et jouissez de tout le bonheur que vous méritez.

« A Chakodade, le 10 avril 1813, dans la prison où nous retiennent les Japonais.

Ton dévoué,
Wassili Golownin. »

D'après cette lettre, je vis que M. Golownin croyoit mal à propos que Simonoff étoit définivement rendu à la liberté, et alloit revenir avec nous dans sa patrie. Il avoit commis une autre erreur, en croyant que Simonoff étoit en état de me transmettre des renseignements utiles. Ce pauvre homme, enchanté de se revoir momentanément parmi ses camarades, étoit incapable de lier deux idées de suite, (1) et de nous

(1) Le même Simonoff de retour auprès de M. Golownin confondit ainsi qu'on le voit dans la relation de ce dernier, tout ce que M. Ricord lui avoit dit sur les événements importants qui se passoient alors en Europe. Il ne savoit pas même au juste lesquels des Turcs ou des Français avoient pris Moscou. (*Note du traducteur.*)

fournir aucune des explications que nous aurions desirées.

Je retournai à Ochotzk pour annoncer ce qui s'étoit passé et prendre de nouvelles instructions. J'y trouvai des ordres précis de l'empereur Alexandre, qui à dix mille werstes de sa capitale (1), daignoit prendre un vif intérêt au sort de six de ses sujets prisonniers à Matsmai, et me conféroit expressément la qualité d'ambassadeur pour les réclamer avec plus d'efficacité. Un tel caractère me plaçoit tout-à-fait sous la protection du droit des gens et me mettoit à l'abri de toutes violences de la part des insulaires. On m'avoit

(1) C'étoit alors l'époque de la campagne de Saxe, en 1813.

aussi donné pour interprète un autre naufragé Japonais nommé Kisselef, tellement exercé dans la pratique de notre langue, qu'il devoit passer pour sujet de l'empereur de Russie.

La ville de Chakodade est, pour l'étendue, la seconde de l'île de Matsmaï; elle est située dans la partie méridionale et adossée contre une haute chaîne de montagnes, dans une presqu'île qui est baignée au midi par la mer de Sangara au nord, et à l'ouest par la baie de Chakodade. Cette baie est si considérable qu'une grande flotte pourroit y mouiller fort à l'aise.

Du côté de l'est, la presqu'île s'unit par une langue basse et étroite de terre au corps même de l'île. Le long de la baie se trouve une grande vallée qui a de 15 à 20 milles d'Italie de circuit, et qui est environnée de trois côtés par de hautes montagnes. Au milieu de la vallée est le grand village d'Omro, dont les habitans sont livrés à l'agriculture. Les côtes sont habitées par des pêcheurs. Telles sont les circonstances que j'ai sues de M Golownin qui recueillit ces notions lorsque, pour l'amener à Chakodade, on lui fit traverser la vallée qui est la partie de l'île la mieux cultivée.

La montagne où est bâtie la ville peut être facilement reconnue des vaisseaux, à cause de sa forme circulaire, et de son isolement au milieu de cette chaîne de hauteurs. En nous approchant de la ville, nous en trouvâmes tous les dehors tendus de tapisseries, à l'exception de quelques places sur la montagne et ses environs.

Nos lunettes d'approche nous permettoient d'apercevoir dans la baie six plate-formes qui étoient évidemment des batteries garnies de canons. Il y avoit encore plus bas cinq forts, bien pourvus d'artillerie. Ils étoient fort près les uns des autres, à 150 ou 200 toises du rivage.

A peine étions-nous dans la baie, que nous fûmes entourés d'une multitude de bateaux de toutes les formes et de toutes les grandeurs. Ces embarcations étoient remplies de curieux des deux sexes attirés par le désir de voir un vaisseau européen. Il y avoit au moins vingt-deux ans que cette baie avoit été visitée par Lowzoff, embarqué avec le capitaine russe Laxmann, sur le vaisseau de transport la *Catharina*. Une multitude d'habitans n'avoient jamais vu de leur vie un navire d'Europe, et encore moins un vaisseau de guerre. Tous s'approchoient à l'envi de la corvette, et c'étoit un bruit, un tumulte effroyable. Les *dossines*, ou soldats japonais, qu'on avoit mis à notre bord pour maintenir l'ordre crioient sans cesse, mais vainement, pour recommander aux curieux qu'ils se tinssent plus loin de nous; mais l'empressement des spectateurs l'emportoit, et les soldats, pour chasser la foule, étoient obligés de se servir de petites masses ou baguettes de fer qu'ils portent habituellement attachées à leur ceinture avec un cordon de soie. Ils n'épargnoient ni le rang ni le sexe, mais ils respectoient les vieillards, pour qui on a dans tout le Japon une vénération prodigieuse. Ce concours de spectateurs ne nous causoit pas peu d'embarras à nous-mêmes ; il venoit tant de monde à la fois sur le pont de la corvette, que nous ne pouvions pas travailler aux manœuvres nécessaires. Les dossines parvinrent enfin à repousser les importuns, qui furent réduits à former un cercle à une certaine distance du vaisseau. Les bateaux se présentoient chacun à leur tour dans cette enceinte, et lorsque ceux qui les montoient nous avoient considérés pendant un certain temps, les hommes des bateaux de derrière les forçoient à se retirer. On ne laissoit arriver sur le bord que les personnes qui en avoient obtenu la permission des autorités, et qui se faisoient reconnoître des dossines.

Nous avions eu soin d'arborer, avec le pavillon impérial, un drapeau blanc, comme signe parlementaire; nous vîmes arriver, le lendemain matin, un bateau qui portoit aussi cet emblême de paix. Takatai-Kachi étoit sur cette embarcation; il nous apportoit un présent de poissons, de légumes, et de melons d'eau. Les domestiques qui l'accompagnoient tenoient un paquet d'habits sous leurs bras. Kachi me demanda la permission de passer dans son ancienne chambre pour s'habiller, en me disant qu'il étoit chargé d'avoir avec moi une conférence de la part du délégué Sampey, celui qui étoit venu quelques mois auparavant à Kunaschir. J'allai de mon côté revêtir mon uniforme, et je pris mon épée.

Kachi, après nous avoir salués à la mode de son pays, déclara par l'entremise de l'interprète Kisseleff, beaucoup plus familier que lui avec l'idiome russe, qu'il venoit au nom des délégués de Matsmaï, demander communication de la note officielle du commandant d'Ochotzk : note qu'il devoit remettre personnellement aux deux délégués. Je répondis à Kachi, que j'aurois désiré présenter moi-même cette dépêche officielle ; mais que, pour ne pas perdre de temps, je consentois à la lui confier. Tous les officiers furent appelés dans ma chambre, et je remis à Kachi, avec les cérémonies convenables, l'écrit du commandant d'Ochotzk, lequel étoit enfermé dans une enveloppe d'étoffe bleue. J'ajoutai que j'avois également reçu du gouverneur civil d'Irkutzk, une dépêche très-importante que je ne devois remettre qu'au gouverneur de Matsmai, soit en mains propres, soit par l'intermédiaire de ses délégués. Kachi me pria de lui confier encore cette dépêche, disant que ce seroit un grand honneur pour lui, d'être chargé de transmettre lui-même à l'Obunjo un papier de cette importance. Il me fut impossible de le satisfaire sur ce point.

Il restoit à fixer le lieu de l'entrevue avec les délégués (1). Je demandai que ce fût sur le rivage, car

(1) On voit par la relation de Golownin, que ces officiers avoient le titre de Ginmi-jacks.

il eût été difficile d'avoir une conférence sur un bateau : mes vues s'accordèrent sur ce point avec celles des délégués, personnages très-importants, devant lesquels, au dire de Kachi, tout le monde s'agenouilloit, lorsque leurs norimons ou chaises à porteurs passoient dans les rues de la ville.

Kachi retourna à la ville, d'où il revint le jour d'après; il alla revêtir ses plus beaux habits, et régla avec moi le cérémonial de l'entrevue. Je lui dis qu'un des points auxquels je tenois le plus, c'étoit d'être escorté d'une garde d'honneur, composée de dix soldats, armés de fusils, et de deux sous-officiers, portant l'un le pavillon impérial, l'autre le pavillon parlementaire. J'ajoutai que je prendrois seulement avec moi deux officiers et mon interprète ; que je serois conduit sur la côte, dans le yacht de parade du gouverneur; que je saluerois les délégués, à la manière européenne, par une simple révérence ; que je serois assis sur un fauteuil, et que mes officiers prendroient place derrière moi sur des chaises. Je me proposois enfin de me lever pour commencer ma harangue devant les délégués, mais de me rasseoir ensuite.

Kachi répondit que mes propositions ne paroîtroient sans doute pas trop déraisonnables aux délégués, sauf un seul point; c'étoient les fusils dont je demandois que mes gardes fussent armés. Il n'y a pas d'exemple parmi nous, reprit-il, que jamais un ambassadeur ait été accompagné de soldats portant des armes à feu; à Nangasacki, les Hollandais sont absolument désarmés, et l'on croira vous faire assez d'honneur en permettant que vos gardes aient le sabre au côté. Songez d'ailleurs que l'on a déjà considérablement dérogé aux lois pointilleuses de notre pays, en souffrant que votre vaisseau entrât dans le port avec ses canons et ses munitions.

La lecture des différents voyages au Japon me convainquoit de la justesse des observations de Kachi, mais je le priai de réfléchir que la chose étoit différente; que mes soldats sans fusils ne seroient point de véritables gardes d'honneur, et que je ne remplirois pas d'une manière convenable le rôle de commandant d'un vaisseau de la marine impériale. Chez nous, ajoutai-je, le droit de porter un fusil est le caractère distinctif des hommes de guerre, c'est à-peu-près comme chez vous le droit d'être armé de deux sabres.

Kachi rédigea par écrit le résultat de notre conférence, et retourna à la ville. Le lendemain il revint et me dit d'un air satisfait que les délégués avoient accepté toutes mes propositions, jusqu'à celle de permettre à mes dix hommes de conserver leurs fusils ; cependant, poursuivit-il, voici encore un point de cérémonial qu'il reste à fixer; on exige que vous ne paroissiez pas avec vos bottes dans la salle d'audience qui sera couverte de tapis et où les délégués eux-mêmes se tiendront à genoux. Cette demande à laquelle je m'attendois peu, me causa un grand embarras : je n'avois point pensé à stipuler que mes officiers et moi nous pourrions nous présenter en bottes, et ce fut seulement de M. Golownin que j'appris par la suite l'inflexibilité japonaise à cet égard. Je m'épuisai en raisonnements pour démontrer à Kachi qu'il n'y auroit rien de plus ridicule que de voir des officiers l'épée au côté et dépourvus de chaussures ; je lui dis que chez nous on regarderoit comme une grande impolitesse de se présenter chez quelqu'un sans être chaussé ; Kachi insista, j'imaginai enfin de lui proposer un accommodement ; c'étoit de quitter nos bottes, mais de conserver des souliers. Kachi trouva l'expédient admirable, et dit qu'il feroit entendre raison aux délégués en comparant nos souliers aux espèces de demi-guêtres, que conservent toujours les Japonais pour n'avoir point les pieds tout à fait nus. La proposition fut agréée (1).

Cet arrangement terminé, Kachi me remit sur un papier le plan de la disposition de la salle d'audience, et

(1) On a pu voir dans le récit de l'ambassade de M. Résanoff en 1804 (pages 201 et 204 etc., du tome III, de notre Description du Japon) qu'à cette époque les Russes furent beaucoup moins bien traités. Non seulement les gardes d'honneur de l'ambassadeur furent obligés de quitter leurs fusils, mais l'ambassadeur lui-même se présenta devant le délégué de l'empereur sans souliers et sans épée. (*Note du traducteur.*)

du rang de tous ceux qui prendroient part à la cérémonie.

Je n'étois pas peu inquiet sur la sûreté de l'interprète Kisseleff. Je craignois si l'on venoit à découvrir sa véritable origine, qu'on ne voulût le retenir comme déserteur, bien que ses papiers annonçassent qu'il étoit naturalisé Russe. Kisseleff, que je crus devoir avertir du danger qu'il couroit, me montra un dévouement sans bornes et une intrépidité surprenante.

Le jour fixé pour notre réception, Takatai-Kachi vint me prendre dans la barque du gouverneur, ornée de pavillons de différentes sortes. Il étoit déjà revêtu de ses habits de cérémonie, et me dit que nous pourrions partir dès le moment où un drapeau seroit arboré sur le bâtiment de la douane, qui devoit servir à l'entrevue. On ne tarda pas à donner le signal. Je m'embarquai aussitôt avec deux officiers, l'interprète, dix matelots armés et deux porte-étendards : l'embarcation étoit conduite par seize rameurs japonais, dont plus de la moitié ne faisoient point un semblable métier. C'étoient, si je dois en croire Kachi, de riches marchands qui, pour le plaisir de nous voir de plus près, s'étoient chargés volontairement de cette corvée. Quelques centaines de bateaux encombrés de curieux nous suivirent jusqu'à terre. Le lieu du rendez-vous étoit tout près du rivage, et non loin d'un escalier en pierre où nous débarquâmes. Il y avoit devant la maison plusieurs files de soldats japonais à genoux. Nous restâmes quelque temps rangés sur une seule file en face de la porte de la douane, ayant derrière nous un corps nombreux de soldats japonais. A notre droite étoient trois objets remarquables, qui se trouvent sur toutes les places d'armes des villes de guerre du Japon. C'étoit d'abord une cible pour tirer au blanc, composée d'une large planche ronde que divisoient plusieurs cercles concentriques, avec un carré dans le milieu, disposé comme la figure de l'as de carreau. Un peu plus loin étoit un large baquet, avec une pyramide de seaux remplis d'eau en cas d'incendie. Enfin on avoit placé sur des montants de bois cinq lances à banderoles flottantes, signes distinctifs

du grade du commandant de Chakodade, puis des instrumens fort sin-
guliers, servant à arrêter les prisonniers qui voudroient prendre la
fuite. Ce sont des crochets de fer attachés aux deux branches d'une espèce de fourche, et à l'aide desquels
on saisiroit facilement soit un bras,
soit une jambe du fugitif.

Kachi nous avoit quittés pour annoncer aux délégués notre arrivée;
il revint me dire que je pouvois entrer. Je crus inutile de demander
pourquoi aucun officier ne se pré-
sentoit pour m'introduire. Mes dix
matelots avec leurs fusils se rangè-
rent sur une seule ligne, ayant de
chaque côté les porte-drapeaux, et
ils me présentèrent les armes à mon
passage. Arrivé dans une espèce

d'antichambre, j'ordonnai au soldat japonais qu'on avoit mis de service auprès de moi de m'apporter un fauteuil, pour que je pusse mettre commodément mes souliers à la place des bottes. J'entrai ensuite avec les officiers dans la salle d'audience. Cette salle étoit remplie de Japonais de tous grades, en habits de guerre avec deux sabres : il régnoit parmi eux un profond silence. Les deux délégués étoient accroupis au fond de la salle; dès que je les aperçus, je fis trois pas en avant et une profonde révérence. Ils me rendirent cette civilité de la même manière. Après avoir salué les officiers placés à droite et à gauche, j'allai prendre possession du fauteuil qui m'étoit destiné. Il y eut encore une minute de silence : je le rompis le premier, en faisant dire par l'interprète Kisseleff que je me croyois avec des amis.

Un sourire fut la réponse des délégués : le plus âgé, celui qui étoit venu à Kunaschir, entama la conversation; mais il parla d'une voix si foible que Kisseleff ne put saisir un mot de son discours.

Un autre officier se leva, me fit un salut, et, à mon extrême surprise, m'adressa la parole en langue russe. J'appris dans la suite que c'étoit un interprète de la cour de Iédo, nommé Marakani-Teske, homme fort intelligent, auquel M. Golownin avoit donné quelques leçons de langue russe. Teske me déclara au nom des délégués que le gouvernement du

Japon étoit satisfait de nos explications, et que le capitaine Golownin, rendu à la liberté, viendroit incessamment à notre bord.

Un académicien de Iédo (1) me fit aussi ses compliments, et tous nous souhaitèrent le plus grand bonheur, tandis que le brave Takatai-Kachi, placé pendant toute la cérémonie à l'extrémité de la salle, pouvoit jouir de son ouvrage et du fruit de sa sage médiation.

Les Japonais, devenus nos amis, nous régalèrent de thé et de différentes friandises qu'on nous servit dans des vases vernissés. L'entrevue dura deux heures, et Kachi nous ramena dans le même bateau. J'avois or-

---

(1) Voyez la relation de Golownin.

donné au plus ancien officier de la Diane, chargé du commandement en mon absence, de pavoiser le bâtiment dès qu'il nous verroit quitter le rivage, mais de ne point tirer de canon, sachant bien que les salves d'artillerie ne sont point agréables aux Japonais. Ces gens-là s'étonnent de ce que l'on regarde comme une marque d'honneur les canonnades qui ne sont et ne devroient être que le signal du carnage (1). On étoit au surplus dédommagé de l'absence d'un vain bruit par la beauté du coup-d'œil. Cette multitude de pa-

(1) M. Ricord fait observer en note qu'il y a cependant des exceptions, et que toutes les fois que le prince de Sindaï sort de ses états, ou y fait sa rentrée, il est salué par des décharges d'artillerie.

villons, jointe à une brillante illumination, faisoit un effet admirable : on venoit voir ce spectacle de tous côtés, et la rade étoit remplie d'embarcations légères.

Ainsi finit, à la grande satisfaction des officiers des deux nations, cette cérémonie diplomatique, la première où l'étendard russe eût flotté sur le sol d'une nation orgueilleuse. Mes gardes d'honneur, que j'avois choisis parmi les hommes les plus intrépides, avoient juré de répandre jusqu'à la dernière goutte de leur sang pour défendre leur drapeau national.

J'appris sur ces entrefaites, de la bouche de Kachi, que Leonsaimo ne nous en avoit point volontairement imposé l'année précédente, en nous annonçant la mort de nos compatriotes : le commandant de Kunaschir le lui avoit fait accroire à lui-même, dans l'espoir que, pour venger ce prétendu meurtre, nous donnerions l'assaut à sa forteresse. Il étoit résolu de périr pour venger les attentats de Chwostoff. La garnison japonaise, forte de trois cents hommes, s'étoit solennellement dévouée à périr les armes à la main, et avoit pratiqué l'étrange cérémonie que les militaires de cette nation appellent *s'enterrer vivants*. Elle consiste à se couper la touffe de cheveux que les Japonais conservent sur le sommet de la tête, et à mettre dans une caisse tous ces toupets enfermés dans des papiers étiquetés du nom de leurs propriétaires. Quiconque, après avoir fait un tel sacrifice, prendroit la fuite devant l'ennemi, seroit facilement reconnu et noté du sceau indélébile de l'infamie. Kachi nous dit en même temps que la victoire même nous auroit été funeste; car les Japonais, connoissant le goût des Russes pour l'eau-de-vie, auroient laissé, en abandonnant la ville, plusieurs bouteilles de cette liqueur après l'avoir empoisonnée.

Quelques jours après, notre bon ami japonais vint nous apporter une nouvelle excellente, celle de l'arrivée prochaine de M. Golownin et de deux matelots dans la maison qui avoit servi à l'entrevue diplomatique. Je dis à Kachi qu'en cette occasion d'un intérêt tout particulier, je ne comptois mettre aucun cérémonial; que je me rendrois à terre avec un officier, l'écrivain du vaisseau et cinq matelots sans fusils, et que les deux étendards resteroient dans la chaloupe.

Kachi vint me prendre dès le lendemain à dix heures dans la barque du gouverneur. En nous approchant de terre nous aperçûmes M. Golownin devant la porte de la maison. Il étoit vêtu d'un riche habit de soie, taillé à la mode européenne, et le sabre au côté. A ce spectacle, j'oubliai toute idée d'étiquette, et sans attendre Kachi, je sautai le premier à terre. Si je n'avois pas aussi longtemps servi avec Golownin, je ne l'aurois point reconnu, tant il étoit changé. Les Japonais eurent la discrétion de respecter ces premiers moments d'entretien, et ils se tinrent à une assez grande distance. Après une longue conversation, je quittai mon ami dans l'espérance de n'être bientôt plus séparé de lui, et je revins à mon bord. Le soir, je reçus inopinément la visite de Kachi; il amenoit avec lui un jeune homme, c'étoit son fils qui étoit venu au-devant de lui à Chakodade, et lui apportoit des nouvelles de sa femme. Un concours inouï de circonstances heureuses sembloit avoir été ménagé par le ciel pour récompenser ce bon vieillard. L'épouse de Kachi arrivoit à peine de son pélerinage, après l'avoir accompli fort heureusement, qu'elle avoit reçu une lettre, annonçant qu'il étoit de retour sain et sauf dans sa pātrie.

Les officiers et moi nous comblâmes de caresses le fils de notre bienfaiteur, avec lequel nous nous entretînmes long-tems, en prenant Kisseleff pour interprète.

Lorsque je fus seul avec Kachi, je lui demandai s'il avoit reçu des nouvelles de son vertueux ami, que la crainte de le perdre avoit engagé à se faire cénobite. Kachi me répondit que cet ami se portoit parfaitement bien, et qu'il se proposoit de lui en témoigner sa reconnoissance par une action digne de lui. Le bon vieillard m'avoit raconté pendant notre voyage au Kamtschatka, qu'il avoit banni de sa présence une fille qui, par sa mauvaise conduite avoit encouru sa malédiction. Hé bien ! me dit-il, je sais où existe cette fille, je la rappellerai auprès de moi, je lui pardonnerai en faveur de mon ami ; je me bornerai à instruire ce dernier de cette heureuse réconciliation, et il en comprendra le motif.

C'est ainsi que nous apprenions de plus en plus à ne pas juger légèrement des mœurs japonaises, et surtout à admirer le bon et brave Takatai-Kachi.

Pour dernière grâce, Kachi me demanda la permission de partager entre mes matelots tous les effets qu'il avoit laissés à bord. C'étoit un nombre considérable de robes de soie et de coton, de couvertures ouattées et de vêtements de nuit. Il en fit la distribution, de façon qu'aucun de mes gens ne fut oublié. Permettez, demanda Kachi, que ce soir je régale vos matelots ; je sais qu'ils supportent très-bien notre zakki, et il n'y a aucun danger à courir dans la rade de Chakodade. J'y consentis, bien que chacun de nos gens eût déjà reçu dans la même journée une double ration d'eau-de-vie. Kachi envoya chercher par ses domestiques une provision de zakki, du tabac et des pipes. Je voulus en retour de ses généreux procédés, lui offrir les présents que j'avois destinés aux délégués, de la part de mon gouvernement; c'étoient des tasses de porcelaine, revêtues de peintures précieuses, des tables de marbre et des cristaux. Kachi refusa, en disant qu'il violeroit les lois de son pays, et s'exposeroit, non seulement à se voir reprendre tous ces objets, mais à payer en outre une forte amende.

Je ne pus le déterminer qu'à en accepter un petit nombre; il choisit une couple de cuillers d'argent, un couteau et une fontaine à thé, en disant qu'il regarderoit ces meubles comme des souvenirs de notre hospitalité et des usages russes. Quoique notre genre de vie plût beaucoup à Kachi, il ne mangeoit cependant point à table avec nous, parce que les Japonais d'un rang élevé ne font point usage de poisson. Mais il prenoit volontiers le thé avec moi, et toujours sans sucre. Cependant il mangeoit très-souvent à part des morceaux de sucre, en les croquant comme des dragées.

Nous restâmes ensemble jusqu'à minuit. Kachi regretta beaucoup que les lois de son pays lui défendissent de me recevoir à terre, dans sa maison, d'où j'aurois pu emporter à mon tour, comme souvenirs, des *chasi* et des *sakasouti*. On appelle *chasi* les petits bâtonnets qui servent de cuillers et de fourchettes, et *sakasouti* les tasses vernies qui servent à prendre toutes sortes d'aliments solides ou liquides.

Une lettre de M. Golownin, m'avoit annoncé la prochaine mise en liberté de lui et des siens. Ils arrivèrent le 7 octobre avec le Kourilien Alexei. Tous étoient vêtus d'habits de soie de la même forme, mais de différentes couleurs. L'habit des officiers étoit d'une sorte de damas à fleurs. Celui des simples matelots étoit en taffetas; le costume d'Alexei étoit à la mode du Japon. Les officiers avoient ajouté à cet étrange accoutrement, leur sabre et leur chapeau d'uniforme. On ne sauroit se figurer un plus bizarre assemblage ; dans toute autre circonstance il y auroit eu de quoi se pâmer de rire ; mais aucun de nous ne songeoit à se livrer à cet épanchement de gaîté. Notre joie se manifestoit par nos regards expressifs, bien plus que par nos discours. L'arrivée de nos camarades, à bord, fut célébrée par des *hourrahs!*

Pendant toute la journée, nous ne cessâmes d'être harcelés, en quelque sorte, par des curieux des deux sexes ; cependant, les femmes, à notre grand regret, étoient exclues du vaisseau, et ne pouvoient nous voir que de loin. Les *Dossines* faisoient un fréquent usage de leurs baguettes de fer, pour contenir l'impatience des curieux, qui, de leurs bateaux, cherchoient à escalader la corvette. Les femmes paroissoient fort jalouses du privilège accordé à quelques hommes; pour les en dédommager, nous leur envoyions par les Japonais, de petits cadeaux, dont elles nous remercioient par la vivacité de leurs regards.

Les délégués japonais prirent part à notre bonheur, et demeurèrent avec nous jusqu'à la nuit. A leur départ, nous voulûmes leur offrir quelques-uns des présents que M. de Résanoff avoit inutilement apportés à Nangasaki, et qui étoient restés au Kamtschatka. Ils ne voulurent recevoir que quelques portraits de ceux de nos généraux, qui s'étoient distingués dans la campagne de 1812 ; encore refusèrent-ils les cadres et les verres des estampes; et comme ils avoient eu soin de prendre par écrit la note des faits et gestes de chaque personnage, je suis fondé à croire qu'ils se proposoient d'envoyer ces gravures à Iédo.

Le 10 octobre, tandis que nous étions déjà sous voile, on nous envoya une provision considérable de légumes, et de poissons frais et salés. Le vent étant devenu favorable, nous donnâmes le signal de notre prochain départ. Kachi, entouré d'une multitude de petits bateaux, s'approcha pour nous escorter hors de la baie. On remarquoit sur un de ces esquifs, le vieux interprète de

Iédo, et d'autres personnages, amis de M. Golownin. Quand nous fûmes hors de la baie, nos matelots prirent congé des Japonais, par un *hourrah* général, et donnèrent ensuite à Kachi, une marque particulière de leur intérêt, en criant trois fois : *Hourrah Kachi!* Notre excellent Japonais, qui se tenoit sur la partie la plus élevée de son embarcation, cria, à son tour, de toutes ses forces, *hourrah pour la Diane!* Puis, levant les mains vers le ciel, il témoigna à la fois, sa joie de l'heureuse issue de notre entreprise, et la douleur de nous quitter pour jamais.

Le reste du voyage de la Diane, jusqu'au Kamtschatka, et la fin tragique de M. Moor, qui ne put supporter l'idée d'avoir, un moment, voulu abandonner la cause de ses amis, sont connus par la relation de Golownin.

OBSERVATIONS

Sur l'origine et sur les mœurs, usages et costumes des Japonais.

Par M. GOLOWNIN.

CHAPITRE PREMIER.

Situation géographique du Japon, climat et étendue.

La situation de l'Empire japonais correspond pour la latitude aux régions de notre hémisphère, situées entre les provinces méridionales de la France et la partie sud de l'empire de Maroc. La longitude est de cent degrés à l'est de Saint-Pétersbourg (1);

(1) 127 degrés, à l'est du méridien de Paris (*Note du traducteur.*)

en sorte que vers le centre du Japon le soleil se lève sept heures plus tôt que dans la capitale de la Russie.

Le Japon consiste en plusieurs îles, dont celle de Niphon est la plus considérable. La plus grande longueur du sud-ouest au nord-est embrasse un espace de trois cents lieues; la plus grande largeur est d'environ soixante lieues.

Au nord de Niphon, et à peu de distance se trouve l'île de Matsmai, la vingt-deuxième des Kouriles, qui a environ deux cent cinquante lieues de circuit. On voit au nord de Matsmaï, l'île de Sachalin dont la moitié seulement formant la partie méridionale, appartient aux Japonais; le reste est soumis aux Chinois. Trois autres îles Kouriles sont tributaires du Japon, savoir : Kunaschir, Thikosan et Iturup, ou plutôt *Tourpou*, selon la prononciation des naturels.

Au sud de Niphon, sont les deux grandes îles de Kiosou et de Sikonsou; la première a quatre-vingts et la seconde cinquante lieues de longueur. Outre ces huit îles principales, il y en a une multitude d'autres qui font partie du même empire; mais elles sont d'une moindre importance.

Les possessions japonaises, entourées de l'Océan oriental sont en face de la Corée, de la Chine, et de la Tartarie; elles en sont séparées par un large bras de mer que l'on appelle mer du Japon, et qui en se rétrécissant prend le nom de détroit de Corée. La moindre largeur de ce bras de mer entre la côte méridionale de Niphon et la Corée, est de trente-cinq lieues; la plus grande largeur est de deux cents lieues.

En comparant la position géographique des possessions japonaises, avec celle des pays situés sous le même degré de latitude dans l'hémisphère occidental, on s'attendroit à trouver une grande ressemblance de climat; mais on se tromperoit fort. La différence qui existe à cet égard entre les deux portions co-relatives du globe est si surprenante, qu'elle mérite une explication particulière. Je citerai pour exemple, Matsmaï où j'ai vécu deux ans. Cette ville est au 42e. degré de latitude, dans le même parallèle que Livourne en Italie, Bilbao en Espagne et Toulon en France.

Dans ces trois dernières villes les habitants connoissent à peine la gelée, et ils ne voient de neige que sur le sommet des plus hautes montagnes. A Matsmai, au contraire, les étangs et les marais gèlent pendant l'hiver; les vallées et les plaines sont couvertes de neige depuis le mois de novembre jusqu'au mois d'avril, et la neige ne tombe pas avec moins d'abondance qu'à Saint-Pétersbourg. Les fortes gelées y sont à la vérité peu ordinaires; cependant on a vu le thermomètre de Réaumur descendre quelquefois à 15 degrés au-dessous de zéro.

En été les pays d'Europe, situés sous le même parallèle que Matsmai, éprouvent des chaleurs fortes et continues; mais, dans cette île, on voit deux fois par semaine, au moins, tomber de fortes pluies; l'air s'obscurcit aux bords de l'horizon, il règne des vents violents, et les brouillards ne disparoissent presque point.

Là croissent en pleine terre les orangers, les citronniers, les figuiers, et l'on y recueille les autres fruits des climats chauds. Ici prospèrent les productions amies d'un climat tempéré, les pommes, les poires, les pêches et la vigne.

Je ne suis jamais allé à Niphon, l'île principale de cet empire, mais j'ai appris des naturels qu'à Iédo, sa capitale, sous le 36e. degré de latitude, on voit souvent tomber pendant les nuits d'hiver beaucoup de neige qui fond, il est vrai, aux premiers rayons du soleil. Si l'on réfléchit que Iédo et Malaga en Espagne sont à la même distance du pôle, on doit en conclure que le climat de l'hémisphère oriental est plus rigoureux que celui de l'hémisphère opposé.

Les Japonais m'ont assuré que dans la partie méridionale de Sachalin, souvent la terre ne dégèle en été qu'à un pied et demi de profondeur. Comparez avec ce climat un endroit d'Europe dont le parallèle est à peu près le même, par exemple, la ville de Lyon en France, quelle différence prodigieuse!

Je ne puis douter des assertions des Japonais : car dans l'île de Raschoua, l'une des Kouriles, par 47 dég. 45 minutes de latitude, nous avons trouvé à la mi-mai de vastes champs de glace.

Dans cette saison, le golfe de Finland lui-même, à une latitude de 60 deg., ne présente plus de glaces, quoique la mer, à raison de son peu de largeur, ne permettre pas aux glaçons de se rompre, et que la débacle entière ne soit due qu'à l'action du soleil. A Raschoua, au contraire, où les rayons du soleil ont la même force, les flots de l'Océan devraient suffire pour briser les glaces.

Cette énorme différence de climat tient aux localités. Le Japon est dans l'Océan oriental, qu'on a nommé avec juste raison, la *mer des Brumes*. Il n'est pas rare qu'en été les brouillards règnent trois ou quatre jours de suite, et il se passe à peine quelques heures de la journée sans brouillard ou sans pluie. Les brumes et le mauvais temps rendent l'air froid et humide, les rayons du soleil n'y ont pas la même activité que sous un ciel serein; ajoutez à cela que la partie septentrionale des îles de Niphon, de Matsmai, et de Sackalin, est couverte de hautes montagnes dont les cimes se perdent dans les nues. Le vent qui arrive de ces montagnes y contracte un froid glacial. Enfin, les Japonais sont séparés de l'Asie, qui est leur berceau, par un bras de mer qui n'a que quelques lieues; en face se trouvent le pays des Mantchoux et la Tartarie; toute cette contrée est couverte de montagnes, d'innombrables étangs et de déserts incultes d'où viennent, même en été, des vents excessivement froids. Telles sont les trois causes qui produisent une différence de climat considérable entre les régions orientales de l'ancien monde et notre hémisphère occidental, sous le même parallèle.

CHAPITRE II.

Origine des Japonais.

On a beaucoup parlé dans nos livres de l'origine de la population de cet empire; mais presque tout ce que les Européens ont écrit sur le Japon repose sur des traditions fabuleuses ou incertaines. Les plus éclairés d'entre les Japonais en sont d'accord. Ainsi ils ajoutent très-peu de foi à cette historiette, que le Japon doit ses premiers habitants à trois cents jeunes garçons et à autant de filles qui avoient été envoyés dans cette contrée par un empereur chinois, afin d'y recueillir une certaine plante propre à donner l'immortalité. Les autres histoires du même genre sont également rejetées par les Japonais raisonnables. Notre interprète Teske et les savans qu'on envoya de Iédo pour nous interroger se moquoient souvent en notre langue de la crédulité de leurs compatriotes, au sujet de leur origine. Ils nous racontèrent entre autres choses une tradition reçue parmi eux, et dont voici la substance :

Dès la plus haute antiquité la terre entière étoit couverte d'eau; elle demeura en cet état pendant une suite innombrable d'années, sans que le Créateur tout-puissant, que les Japonais nomment *Tenko-Sama* (Souverain du ciel), daignât s'en occuper. Enfin il permit à Kami, l'aîné de ses fils, de rendre la terre féconde, et de la peupler. Kami prit donc un bâton d'une longueur extraordinaire pour sonder la profondeur des eaux, et il les trouva moins basses précisément à l'endroit où le Japon s'élève aujourd'hui hors de la mer. En soulevant la terre avec le même bâton, il forma l'île Niphon, qu'il enrichit de tous les dons naturels qu'elle possède aujourd'hui : puis il se partagea lui-même en deux êtres, l'un du sexe masculin, l'autre du sexe féminin; et c'est ainsi qu'il parvint à peupler cette nouvelle terre.

Les autres enfants du dieu, ayant vu l'œuvre de leur frère, en firent autant, chacun de leur côté, dans d'autres parties du monde. Quoiqu'ils parvinssent à créer des terres et à les peupler, ils n'avoient cependant pas toutes les qualités de leur aîné ; et de là résulte que les autres pays et leurs habitants ne présentent pas un degré de perfection égal au Japon et aux Japonais. Aussi méprisent-ils tous les autres habitants du globe, et préfèrent-ils à toutes choses les productions de leur pays.

Teske, en nous racontant cette fable, ne pouvoit s'empêcher d'en rire ; mais il ajouta qu'encore aujourd'hui presque tous ses compatriotes y croient aveuglément : beaucoup d'entre eux assurent qu'une partie du bâton qui fut employé par leur créateur pour tirer le Japon de la profondeur de l'abîme, a pris racine en terre, et qu'il forme un arbre toujours vert sur l'une des plus hautes montagnes de l'île de Niphon.

Je ne fatiguerai pas mes lecteurs du récit d'autres traditions non moins ridicules, qui sont accréditées parmi les Japonais : quiconque s'amuseroit de pareils contes n'auroit pas besoin de les aller chercher si loin. Je me bornerai à rapporter ce que les habitants les plus instruits pensent de l'origine de leur nation.

Suivant eux, l'époque de la population du Japon se perd dans la nuit des temps; ils sont toutefois persuadés que les Japonais et les Kouriliens ont formé dans l'origine un seul et même peuple, ayant une commune origine. Ils le prouvent par une multitude de mots qui se retrouvent dans les deux langues, par l'uniformité de quelques traditions, des superstitions même, et par une foule d'usages parfaitement identiques.

En comparant la langue japonaise, les traits du visage, les mœurs, les lois et les coutumes des naturels, on est convaincu que les Japonais et les Chinois ne tirent point leur existence les uns des autres. Les premiers frémissent à la seule idée que leurs ancêtres aient pu venir de la Chine ; tel est leur mépris pour cette nation, que lorsqu'ils veulent injurier quelqu'un, ils lui disent : *Tu es un vrai Chinois*. Ils sont cependant bien obligés de convenir que beaucoup de familles japonaises sont venues de la Chine. A la vérité, leur histoire ne parle d'aucune émigration de Chinois au Japon ; mais ils disent que pendant les guerres entre les deux empires une multitude de prisonniers chinois ont été amenés au Japon, et qu'on les a attachés comme vassaux à la culture des terres.

Si l'on en croit les annales des Japonais, ils ont vaincu leurs voisins dans toutes les guerres, et la politique seule les a empêchés de subjuguer la Chine, d'après la loi qu'ils se sont faite de ne point étendre leurs possessions. Il n'y a pas de doute que par orgueil national les historiens du Japon n'aient beaucoup exagéré les exploits de leurs ancêtres; mais il ne faut pas non plus révoquer tout-à-fait en doute les victoires dont ils se vantent. Je citerois en témoignage la considération distinguée que les empereurs de la

Chine ont pour les Japonais, et l'insolence avec laquelle ceux-ci traitent les Chinois qui viennent trafiquer chez eux. Il est également vraisemblable que les Japonais, en faisant des courses de pirates sur les côtes de la Chine, y ont enlevé bon nombre de captifs, et les ont emmenés chez eux comme prisonniers.

Les historiens japonais ajoutent que des Indous sont venus s'établir chez eux, et y ont apporté la religion dominante, laquelle évidemment n'est autre que celle des Bramines.

Voilà tout ce que les personnages éclairés de ce pays tiennent pour certain sur leur origine. Ils assurent que leur histoire est à peu près authentique depuis la dynastie actuelle de Kin-Rey ; c'est celle des Daïris ou empereurs ecclésiastiques. Leur chronologie embrasse un intervalle de plus de deux mille quatre cents ans, et remonte par conséquent à six siècles avant l'ère chrétienne. Quelques-uns des faits importants de ces vingt-quatre siècles sont racontés avec assez de détails ; d'autres sont énoncés très-sèchement.

Les noms de tous les Daïris de cette maison, l'ordre de leur règne, et l'année de leur avènement sont connus des Japonais de quelque condition qu'ils soient. Toutes les traditions antérieures à cette époque sont reléguées parmi les fables, et l'on ne croit pas à ce que les historiens eux-mêmes en rapportent.

Un jour que je m'entretenois sur

ce sujet avec Teske, il me dit : Quoique toutes les traditions qui remplissent nos antiques annales soient absurdes et incroyables, on se garde bien d'effacer de l'esprit des peuples des impressions qui peuvent être utiles à l'état. On ne trouve aucun danger à ce que nos compatriotes se mettent au-dessus de toutes les autres nations, méprisent les mœurs étrangères, et tout ce qui n'est pas de leur pays. Une fatale expérience a prouvé aux Japonais qu'il leur arrive toujours du mal de laisser les étrangers se mêler de leurs affaires.

C'est par un tel préjugé, qu'un peuple est parvenu à préférer son pays à tout, à s'enchaîner au sol natal, et à ne point chercher une autre patrie.

Suivant Teske et les autres savants Japonais que je vis à Matsmai, toutes les recherches sur l'antiquité d'une nation, sont un travail puéril et superflu, bon seulement à occuper les oisifs et les faiseurs de contes. En effet, ajoutoient-ils, nous voyons tous les jours des vieillards raconter diversement les événements dont ils ont été témoins dans leur jeunesse ; comment, après cela, donner quelque créance à des traditions qui se sont propagées de générations en générations? N'y a-t-il pas encore d'autres sources d'erreur ? La ressemblance de deux ou trois mots dans les langues de différents peuples ou quelque analogie entre leurs mœurs, sont-elles des preuves suffisantes d'une souche commune?

Je laisse à nos savants d'Europe le soin de décider jusqu'à quel point le raisonnement de mes amis japonais peut être fondé.

Pour terminer cette matière, je remarquerai que les Japonais, même ceux exempts de préjugés, ne veulent pas croire que tout le genre humain soit issu d'un seul couple. Ils citent pour preuve l'extrême différence qui existe dans l'extérieur des peuples. Comment se persuader, disent-ils, que les Hollandais et les nègres qu'ils amènent sur leurs vaisseaux aient eu les mêmes ancêtres, et que cette origine commune date seulement de six ou sept mille années ?

CHAPITRE III.

Caractère national.

Le Japon découvert par les Portugais, a été connu des Européens vers le milieu du seizième siècle. La passion de trouver de nouvelles terres étoit alors l'esprit dominant en Europe. Les Portugais se proposoient de soumettre le Japon à leur puissance; ils commencèrent, suivant leur usage, par y faire le commerce, et par y envoyer des missionnaires catholiques. Les prêtres furent d'abord très-bien reçus; ils pénétrèrent avec facilité au cœur même de l'empire, et la doctrine qu'ils prêchoient fit des progrès inconcevables.

A la fin du seizième siècle, régnoit au Japon l'empereur Teigo (1), homme plein de jugement, de prévoyance et de bravoure. Il remarqua que les étrangers s'occupoient plus d'emporter l'or du Japon que de sauver les âmes des néophytes; en conséquence il résolut d'extirper le christianisme dans ses états, et d'en chasser les missionnaires.

Le père Charlevoix, dans son Histoire du Japon, assure que cette résolution de Teigo lui fut inspirée par le discours imprudent d'un navigateur espagnol. On lui demandoit comment son maître avoit fait pour

(1) Charlevoix le nomme *Tayco-Sama*, les Japonais prononcent *Teigo*. Le mot *Sama* veut dire Seigneur, et se met toujours à la suite du nom propre.

conquérir tant de pays dans toutes les parties du monde, et surtout en Amérique. L'Espagnol répondit que rien n'avoit été plus facile, et qu'il avoit suffi de convertir les naturels au christianisme.

Je ne prononcerai pas sur l'authenticité de cette anecdote, mais je crois que les Japonais n'en ont aucune connoissance. Suivant eux, la principale, et peut-être l'unique cause de la persécution des chrétiens au Japon, fut la conduite insolente des jésuites et surtout des franciscains espagnols, jointe à l'avidité des commerçants portugais. Les uns et les autres employoient sans scrupule tous les moyens capables d'atteindre à leur but et de les enrichir. Un prince beaucoup moins habile que Teigo eût également pénétré les artifices des étrangers, et eût reconnu que la religion étoit un masque pour couvrir leurs vues ambitieuses.

En conséquence Teigo et ses successeurs ont expulsé de leurs domaines tous les étrangers (autres que les Hollandais et les Chinois admis sous certaines conditions à Nangasaki), et ils ont entièrement étouffé le christianisme. Vers le milieu du dix-septième siècle, il n'y avoit plus personne au Japon qui osât publiquement se déclarer chrétien. La haine qu'on avoit contre les Espagnols et les Portugais rejaillit sur les nationaux eux-mêmes qui avoient embrassé le christianisme ; on leur infligea les supplices les plus affreux que puisse inventer la perversité hu-

DE RICORD. 159

maine. On publia des édits excessivement cruels. La peine de mort fut portée contre tout chrétien qui débarqueroit au Japon ; le commerce entre les vaisseaux du pays et les contrées étrangères fut soigneusement interdit ; enfin on défendit à tout Japonais de quitter sa patrie sous quelque prétexte que ce fût, de peur qu'en pays étrangers il n'acquît des notions sur le chistianisme.

Les anciens missionnaires, cédant peut-être à leur ressentiment, ont peint ce peuple comme rusé, parjure, ingrat, et vindicatif à l'excès ; en un mot, ils ont employé des couleurs si odieuses, qu'il n'est peut-être pas un seul Japonais, qui méritât d'être ainsi traité. En Europe, on a pris à la lettre tous ces récits ; il n'est personne qui ne regarde ces insulaires, comme les plus méchants des hommes. Nous avons eu pendant une captivité de vingt-sept mois, tous les moyens de nous convaincre du contraire; et la relation de nos aventures, est une preuve convaincante que les Japonais ne sont pas ce qu'on croit en Europe.

Les Japonais sont sans doute un peuple spirituel et intelligent; on le voit par leur conduite envers les étrangers, aussi bien que par leur constitution intérieure; nous avons plus d'une fois éprouvé la générosité de ce peuple, et sa sensibilité pour les maux du prochain. Les Espagnols, les Portugais, eux-mêmes qui les ont tant décriés, n'eurent-ils pas d'abord à se louer de leur hospitalité généreuse. La bonne réception, qu'ont trouvée parmi eux, en 1739, les capitaines Spangberg et Walton, lorsqu'ils visitèrent sur la côte orientale de Niphon, différents ports, dont les noms leur étoient inconnus, annonce assez les bonnes dispositions des Japonais pour les étrangers qui viennent chez eux avec des intentions pures.

Laxmann, Résanoff lui-même (1), et les autres étrangers qui ont visité le Japon, ne peuvent se plaindre d'aucun mauvais traitement. Seulement, on ne leur accorda pas la liberté de porter leurs regards partout où ils l'auroient désiré, et l'on

(1) L'ambassadeur qui fut amené à Nangasaki par le capitaine Krusenstern.

ne voulut écouter aucune proposition de commerce. A qui en est la faute ? Pour parler franchement, avouons que la cupidité, l'avarice ou pour nous servir de termes plus polis, l'esprit de spéculation des Européens civilisés, ont donné aux Japonais, trop de justes motifs, pour se priver d'avoir des relations avec des hommes aussi avides.

Il ne manque aux Japonais qu'une seule qualité, que nous comptons parmi les vertus ; c'est la bravoure militaire. S'ils sont timides, c'est la conséquence des dispositions pacifiques de leur gouvernement, du long repos dont ils jouissent, ou plutôt de leur peu d'habitude à voir le sang couler. Faut-il pour cela accuser la nation entière de lâcheté ? Je ne le crois pas. N'a-t-on point vu d'autres peuples tombés dans le dernier degré d'abattement, et dont les ancêtres, il y a plusieurs siècles, ont été les maîtres du monde? On voit souvent en Russie tout un village s'enfuir à la vue d'un voleur de grands chemins armé d'une paire de pistolets ; et ces mêmes paysans, devenus soldats au bout de quelques mois, bravent des batteries formidables, et montent à l'assaut de forts réputés invincibles. Est-ce donc l'uniforme de soldats qui fait les héros, ou bien la bravoure est-elle innée chez les hommes? On ne peut donc pas plus reprocher aux Japonais une poltronnerie naturelle.

Les boissons enivrantes sont fort usitées chez les Japonais : le bas peuple en fait volontiers usage, et s'y livre immodérément les jours de fêtes. Toutefois l'ivrognerie n'y est point poussée au même degré qu'en Europe : se montrer ivre en plein jour seroit une grande honte. Ceux qui aiment à boire s'y livrent le soir, après avoir fini leurs travaux et leurs affaires. Ils se rassemblent pour cela dans une société choisie.

Un de leurs vices dominants est le libertinage. Quoiqu'ils ne puissent avoir qu'une seule femme légitime, ils prennent autant de concubines qu'ils veulent, et les gens riches usent de ce droit jusqu'à l'excès. Les maisons de débauche sont placées sous la protection des lois ; elles ont leurs statuts, leurs règlements et leurs priviléges. Ceux qui les tiennent ne sont point réputés exercer une profession déshonorante; ils jouissent des mêmes droits que les commerçants qui, avec l'autorisation du gouvernement, exploitent une branche quelconque d'industrie. Cependant on recherche fort peu leur société.

Les habitués de ces lieux de plaisir ne les fréquentent guères que dans l'intervalle entre le coucher et le lever du soleil. On y fait de la musique; le son du gong et celui du tambour ne cessent pas de retentir.

I y avoit près de l'habitation des Russes, à Matsmai, une maison de ce genre; je ne me souviens pas d'avoir passé une nuit sans être étourdi par le son des instruments ; d'où je conclus qu'il s'y trouvoit constamment des amateurs.

Les Japonais m'ont assuré qu'à

Iédo, capitale de leur empereur séculier, il y a beaucoup de ces maisons de débauches, qui pour le faste ne le cèdent en rien aux palais des princes. Dans l'une d'elles le temple de Vénus est desservi par six cents prêtresses, et cependant on est souvent obligé de refuser faute de places vacantes, l'entrée à une foule de jeunes gens qui viennent y apporter leurs offrandes et chercher de dangereuses distractions.

On nous dit encore que les entrepreneurs de ces somptueux magasins n'épargnent aucuns frais pour y réunir les beautés les plus séduisantes.

Dans une de nos promenades à Matsmai, les interprètes, pour satisfaire notre curiosité, nous conduisirent un jour devant un établissement de cette espèce. Une demi-douzaine de jeunes femmes accoururent à la porte pour nous voir. Quelques-unes étoient dans la fraîcheur de la jeunesse et l'on trouveroit dfficilement dans notre pays des beautés plus accomplies ; il est vrai que depuis plusieurs mois j'avois perdu l'habitude de voir des femmes européennes.

L'esprit de vengeance étoit sans doute autrefois le caractère distinctif des Japonais. Le devoir de venger une injure se transmettoit de l'aïeul au petit-fils, et à des générations encore plus reculées : une famille ne regardoit son honneur comme réparé que lorsqu'un de ses membres étoit enfin parvenu à laver l'offense dans le sang d'un des parents de l'aggresseur. De nos jours, si l'on en croit les Japonais, cette passion furieuse n'existe plus au même degré, et l'on oublie plus promptement les injures.

On peut regarder ce peuple comme porté à l'économie, mais sans avarice. Ceux qui ne connoissent d'autre plaisir que de thésauriser sont traités avec le plus grand mépris, et l'on raconte des anecdotes très-piquantes sur les avares. Chacun s'habille suivant son état, et avec le plus d'élégance ou de richesse qu'il lui est possible.

CHAPITRE IV.

Sciences et arts mécaniques.

Cette nation est à mes yeux celle de l'univers où l'instruction élémentaire est la plus répandue. Il n'y a presque point de Japonais qui ne sache lire et écrire, et qui ne connoisse les lois de son pays. Cela est d'autant plus facile, que la législation ne varie presque pas, et que les dispositions les plus importantes sont écrites sur de grandes tables affichées sur les places publiques, et dans les lieux les plus apparents des villes et des villages.

Les Japonais ne le cèdent point aux Européens dans l'agriculture, le jardinage, la pêche, la chasse, la préparation des étoffes de soie et de coton, la fabrication de la porcelaine, celle du vernis, et l'art de polir les métaux. Ils excellent dans la métallurgie, et tirent un excellent parti de leurs mines. Il n'est point de contrée où l'habileté des menuisiers et des tourneurs soit parvenue à un plus haut degré de perfection, où l'on façonne avec plus d'art tous les objets nécessaires à l'ameublement et au ménage.

A la vérité, les Japonais sont peu versés dans les sciences; ils sont peu familiers avec les mathématiques, l'astronomie, la chimie et la médecine; il n'est du moins parmi eux qu'un très-petit nombre d'individus qui s'occupent de ces sublimes spéculations : mais chez nous les savants ne constituent pas la nation; et, à ne considérer que les basses classes, les Japonais ont plus d'instruction qu'aucun peuple qui existe en Europe.

Je n'en citerai qu'un exemple. Un jour un simple soldat, qui gardoit les prisonniers russes à Matsmai, prit une tasse à thé, et me demanda si je savois que la terre étoit ronde, et que le Japon et l'Europe se trouvoient opposés l'un à l'autre sur le même hémisphère. La tasse hémisphérique, qu'il tenoit renversée, lui servoit à faire cette démonstration.

Beaucoup d'autres soldats tracèrent devant nous des figures géométriques, et demandèrent si nous connoissions ce moyen pour mesurer et diviser la terre.

Presque tous les Japonais connoissent les vertus médicinales des diverses plantes qui croissent dans leur climat, et chacun a chez soi une petite pharmacie pour s'en servir au besoin. Toutefois ils partagent sur la médecine les préjugés de bien d'autres peuples, et prétendent guérir les maladies par de certaines sympathies.

A l'exception des lettrés et des grands seigneurs qui prennent part au gouvernement, on n'a dans ce pays que des connoissances fort bornées sur les autres peuples. La politique de l'empire tend à interdire aux sujets la connoissance des mœurs et des usages des étrangers, de peur qu'ils ne se corrompent par l'exemple, et que la tranquillité de l'état n'en soit troublée.

Les connoissances géographiques des Japonais consistent uniquement à reconnoître sur la carte la situation, la distance des différentes villes, et la surface du territoire.

L'histoire des autres peuples, si l'on excepte celle des Chinois, est regardée comme inutile et indigne d'attention. Faut-il, disent les Japonais, apprendre et retenir toutes ces histoires sur lesquelles chaque nation fonde sa vanité?

Les membres du gouvernement et les lettrés ne négligent pourtant pas l'histoire moderne des états d'Europe, et surtout de ceux qui, par leurs colonies, se trouvent en quelque sorte leurs voisins. Le gouvernement, par le canal des Chinois et des Hollandais, cherche à se procurer des renseignemens sur tout ce qui se passe en Europe, sur les établissemens des Russes en Amérique, et la puissance des Anglais dans l'Inde. Quelques efforts que fassent les Russes pour les convaincre des vues pacifiques et philantropiques de leur empereur et de son administration, les Japonais n'en craignent pas moins que tôt ou tard la Russie ne tente contre eux une expédition formidable. Ils ne cessent de rappeler cette ancienne prédiction, qu'un jour le Japon sera conquis par un peuple du Nord.

Quant à l'histoire et à la géographie de leur pays, les Japonais y sont fort instruits; les livres d'histoire sont leur lecture favorite.

La peinture, l'architecture, la sculpture, la gravure en taille douce, la musique, et vraisemblablement la poésie, sont beaucoup moins avancées en ce pays qu'en Europe. Fort ignorants dans l'art militaire, ils ne sont guères plus instruits dans la marine, et ne naviguent que sur leurs côtes.

Le gouvernement veut que le peuple soit satisfait de ses notions acquises, et repousse tous les arts, toutes les sciences de l'étranger, afin que les mœurs nationales n'éprouvent point d'altération. Les contrées voisines doivent s'applaudir elles-mêmes de cette sage prévoyance des législateurs du Japon. Que seroit-ce donc si les japonais adoptoient la politique des états d'Europe, si un nouveau Pierre-le-Grand apprenoit à ce peuple nombreux, spirituel, laborieux et industrieux à connoître ses forces ? Qui sait, si au bout d'un certain nombre d'années il ne seroit pas maître dans tout l'Océan oriental ? Que deviendroient en ce cas les provinces maritimes de l'Asie orientale, et les établissements de la côte nord-ouest d'Amérique, si éloignés des lieux d'où ils peuvent tirer des secours !

Si par hasard les Japonais venoient tout-à-coup à sortir de leur assoupissement, la Chine en feroit autant sans doute, et l'attitude hostile de ces deux nations puissantes changeroit la face des affaires en Europe.

Quelque aversion que l'un et l'autre de ces peuples ressentent pour tout ce qui a une origine étrangère, un changement de système n'est pas absolument impossible. Après tout, les Chinois et les Japonais sont des hommes, et à ce titre soumis à toutes les vicissitudes humaines. A défaut de leur volonté, la nécessité peut les précipiter dans la carrière des révolutions.

Supposez, par exemple, qu'un autre insensé s'avise, comme M. Chwostoff, de faire de son propre mouvement des incursions sur les domaines japonais : le besoin de repousser par la force les courses de cet aventurier, forcera le gouvernement à équiper des vaisseaux de guerre, peut-être même des flottes à la manière européenne. Ce sera un premier pas vers un changement total de système.

Quelle que soit leur condition, les

Japonais sont d'une extrême politesse ; ils font consister la bonne éducation à se rendre réciproquement toutes sortes de services. Pendant tout le temps de notre captivité, nous vîmes beaucoup de gens qui certes, n'appartenoient pas aux classes supérieures ; cependant, nous n'entendîmes jamais rien qui ressemblât à des jurements ou à des blasphêmes. Assez souvent ils se disputoient entr'eux, mais c'étoit toujours avec une certaine mesure, comme dans les querelles qui ont lieu parmi nous, chez des personnes de la bonne compagnie.

CHAPITRE V.

Langue écrite et parlée.

La langue japonaise n'est empruntée de celle d'aucun autre peuple, elle dérive immédiatement de l'ancien idiome que l'on parloit autrefois dans le Japon proprement dit, et dans les îles Kouriles. Ce n'est pas qu'elle n'ait adopté beaucoup de mots des Chinois, des Coréens et d'autres nations, même des nations Européennes; c'est ainsi qu'ils employent dans la même signification les mots français *savon* (1) et *bou-*

(1) Les japonais ne fabriquent point de savon ; ils en achètent de petites quantités des Hollandais ; ils lavent leur linge à la les-

ton, et qu'ils disent *tabago* pour tabac. Ils se servent aussi du mot russe *deni* pour exprimer de l'argent, et du mot russe *jacor* ou *jacori* pour dire une ancre de vaisseau. Certes, la ressemblance de ces termes ne sauroit être fortuite.

J'ai déjà eu dans ma relation occasion de rapporter que les livres, les actes du gouvernement et la correspondance entre les grands personnages, sont écrits en caractères chinois, c'est-à-dire, avec des espèces de hiéroglyphes pour chaque mot de la langue. Dans l'usage vulgaire on employe un alphabet de quarante-

sive avec une substance calcaire qui fait l'office d'alcali. Le terme *savon* leur vient des Portugais qui prononcent à peu près ainsi le mot *sabão* (*Note de M. Golovnin.*)

huit lettres, non compris beaucoup de signes destinés à exprimer des syllabes détachées, telles que *me*, *mi*, *mo*, *mou*; *ni*, *no*; *ke*, *ki*, *kiou*.

La langue japonaise est excessivement dure pour des oreilles européennes. Il y a des sons tels que *dé* ou *té* que ne sauroit rendre aucune combinaison de nos lettres; il en est de même de sons intermédiaires entre *bé* et *pé*, *sé* et *sché*, *gué* et *qué*, *ché* et *fé*. Aucun Européen ne sauroit prononcer le mot japonais qui signifie *feu*; il semble que les naturels du pays le prononcent par un son sifflé entre les dents, lequel tient le milieu entre ces articulations, *fi*, *chi*, *psi*, ou *fsi*.

Les Japonais qui gardoient les prisonniers russes ayant reçu défense expresse de les instruire dans leur langage, nous n'avons eu aucune facilité pour étudier leur grammaire; le peu que nous en avons appris nous porte à croire qu'elle n'est pas très-difficile, attendu que les substantifs et les verbes sont sujets à fort peu d'inflexions. Les déclinaisons consistent dans les articles qui précèdent les mots. Quant aux verbes ils ne changent ni en genre, ni en nombre, ni en mode, mais seulement dans les temps qui sont au nombre de trois. Tout le reste s'exprime au moyen de l'addition de quelques mots, tels que *autrefois*, *bientôt*, etc.

Les prépositions suivent les substantifs qui en sont le régime (1);

(1) C'est ainsi que dans la langue anglaise

les conjonctions suivent aussi, dans certains cas, les membres de périodes qu'elles doivent unir.

Dans presque toutes les langues connues, les pronoms personnels ne sont que des monosyllabes : dans l'idiome japonais, au contraire, ils sont d'une longueur excessive : on dit *outagosi* pour je ou moi, *outagosi-tono* pour nous, *kono* pour lui, *kono-daz* pour eux, etc.

les *prépositions* qui, dans ce cas, ne semblent conserver ce nom que par anti-phrase, sont très-souvent placées *après* les verbes dont elles déterminent l'acception. Les Allemands ont exagéré cette méthode, ils rejettent fréquemment la préposition à la fin de la période, en sorte qu'on ne peut souvent bien comprendre le commencement de la phrase, avant de l'avoir lue toute entière. (*Note du traducteur.*)

Une difficulté considérable de cette langue, outre celles de la lecture et de la prononciation, résulte de l'immense quantité de mots. Une multitude de choses et d'actions s'expriment de deux manières : on se sert de l'une en conversant avec des personnes considérables ou avec ses égaux, et lorsqu'on veut être poli; l'autre manière ne s'emploie qu'avec des inférieurs ou dans le langage familier. Ainsi l'on peut dire que les Japonais ont deux langues, ce qui n'existe peut-être chez aucune autre nation du globe; cette circonstance est, selon moi, la preuve d'un haut degré de civilisation.

Charlevoix ajoute qu'il existe une langue sacrée, particulière aux cérémonies de l'église :

« Toutes les prières et les lois anciennes, particulièrement celles qui regardent la religion, sont dans un langage sacré et inintelligible; car on assure que ceux même qui se donnent pour les interprètes des dieux ne l'entendent pas plus que les autres; mais ils parlent d'autant plus hardiment, que personne n'est en état de les convaincre d'imposture. Ce langage, au reste, paroît plus ancien que l'introduction du budso dans l'empire; mais il a été adopté par les ministres budsoïstes, qui passent aujourd'hui pour en être les principaux dépositaires, et qui, étant les plus grands imposteurs de l'univers, sont charmés de pouvoir éblouir le peuple par ce merveilleux, et lui persuader qu'ils ont avec leurs dieux un commerce bien plus intime que les Canusis avec les Kamis. »

CHAPITRE VI.

Religion et cérémonies ecclésiastiques.

J'ai déjà dit que la religion dominante du Japon est venue de l'Indostan : les Japonais eux-mêmes en conviennent. Leur culte est une branche de celui des Bramines. Toutefois des millions d'individus, et peut-être la plus grande partie du peuple, professent d'autres croyances. On ne peut, à proprement parler, regarder ces doctrines diverses comme des sectes, puisqu'elles ne dérivent point de la religion dominante, et qu'elles ont une toute autre origine.

Les Japonais avec qui nous conférâmes sur cette matière, ne s'accordoient point relativement au nombre des cultes autorisés dans leur pays : les uns en comptoient sept, les autres quatre ; encore ils assurent que trois de ces religions sont plutôt des branches, ou des sectes particulières de la croyance principale (1).

La première des quatre religions, la secte des *Sintos*, est la plus an-

(1) Charlevoix accuse avec justice d'exagération les voyageurs qui se sont trompés sur le nombre des sectes : on le fait, dit-il, monter presqu'à l'infini ; parce que l'on a souvent confondu les différents ordres religieux avec des sectes idéales ; c'est comme si l'on disoit qu'il y a plus de vingt sortes de religions en Italie, parce qu'il s'y trouve des moines de toutes les espèces.

cienne, celle que professcient les fondateurs de cet empire : on lui assigne le premier rang, non pas qu'elle soit la croyance la plus générale, mais à cause de son antiquité.

Les sectateurs de ce culte croient à des divinités particulières qu'ils appellent *Kamis*, et qui sont des génies immortels, ou les enfants du Créateur tout-puissant. Le nombre de ces *Kamis* est très-considérable. Ils adorent aussi des saints qui sont d'anciens personnages distingués par une vie toute divine, une piété rare, et un zèle ardent pour la religion. On leur érige des temples sous le nom de *Chadotschi*.

A la vérité, tous ces demi-dieux n'ont pas mérité cet honneur par leur conduite et par leurs actions toutes divines; il y en a beaucoup parmi eux qui ne doivent leur béatification qu'au rang qu'ils ont obtenu dans la prêtrise.

L'empereur ecclésiastique est le chef de cette religion : juge souverain des actions humaines, il détermine, par une sorte de canonisation, ceux des Japonais défunts qui ont mérité de figurer parmi les saints.

La pureté du corps est une des règles principales et indispensables de cette religion. Ceux qui la professent croiroient se rendre impurs en tuant ou en mangeant les animaux domestiques, et ceux qui ont été employés aux travaux des champs. Ainsi ils ne consomment point de viande de bœuf, ni de mouton; mais ils se nourrissent sans scrupule de gibier volatile, de cerfs, de lièvres et même d'ours ; il leur est aussi permis de manger du poisson, et de toutes sortes d'animaux marins. Ils doivent bien se garder de se souiller de sang ; car ils resteroient long-temps impurs. S'ils touchent à un cadavre, si même ils entrent dans une maison où il y a un corps mort, ils sont frappés d'interdiction pendant un certain nombre de jours. Voilà pourquoi ils évitent la moindre souillure avec tous les soins imaginables.

Cette religion a une secte dont les partisans ne se nourrissent d'aucun animal terrestre, mais seulement d'animaux marins et de poissons. Quelques-uns des gardiens des Russes professoient cette doctrine. Les jours où les prisonniers mangeoient de la chair de volaille ou de quadrupède, ils ne vouloient pas seulement allumer leur pipe à celle des Russes; dans les autres temps ils changeoient volontiers de pipes avec les prisonniers, et prenoient leur thé dans les tasses où ceux-ci avoient bu.

La seconde religion est celle des Brames ou des Budsoïstes. Elle a été apportée des Indes au Japon. Ses partisans sont imbus des doctrines de la métempsycose; ils croyent que les âmes de tous les êtres sont une même substance spirituelle, et qu'elles passent tantôt dans le corps des hommes, tantôt dans le corps des animaux. Ils regardent en conséquence comme un péché de tuer aucun être vivant. Cette religion défend en outre, sous des peines sévères, le vol, l'adultère, le mensonge et l'ivrognerie. Il est incontestable que ses préceptes sont conformes à la morale, et utiles pour la santé du corps, mais ils en ont d'autres de la nature la plus extravagante, et qui n'ont aucun but apparent d'utilité; l'observation en est si pénible qu'il est peu de personnes d'une piété assez fervente ou d'une complexion assez robuste, pour se conformer seulement à la moitié des règles. Aussi n'est-il point de religion au Japon qui parmi les ecclésiastiques, comme parmi les séculiers, compte autant de gens malhonnêtes.

Le troisième culte (le siouto) est celui des chinois, comme on l'appelle au Japon, ou celui de Confoutzée; on a pour lui une vénération singulière. La plus grande partie des savants et des philosophes japonais professent cette doctrine.

La quatrième religion est le *sabéisme*, ou adoration des corps célestes. On y rend les honneurs divins au soleil, à la lune, aux planètes et aux étoiles. Il n'est presque point d'astre qui n'ait une divinité particulière. On suppose à ces différents dieux et déesses des sympathies et des antipathies : ils s'unissent en mariage, ils ont en un mot toutes les foiblesses des hommes, mais ils sont immortels, et ont la faculté de revêtir les formes qu'il leur plaît.

Cette religion a donné naissance à une secte qui adore le feu, et voit en lui une émanation du soleil, considéré comme divinité.

Telles sont les quatre principales religions du Japon. Je dois remarquer que sur cet article les Japonais ne souffroient pas avec plaisir nos questions; souvent ils feignoient de ne pas nous entendre, ou bien ils ne nous répondoient que d'une manière insignifiante et évasive; d'autres fois ils gardoient le silence, ou interrompoient brusquement la conversation en demandant quelle étoit notre croyance à nous-mêmes.

Une division de la religion des Sintos est la secte des Siakas, qui comprend elle-même trois subdivisions. Quoique répandue dans tout l'empire, elle a perdu singulièrement de son crédit. Autre singularité, les principaux prêtres de cette secte sont pris parmi les fils des

Daïris, les prêtres Siakas ne sont cependant vus à la cour de ce prince qu'avec une extrême défaveur ; on ne désigne eux, ou les objets servant à leur culte, qu'avec des épithètes insultantes (1). Ainsi comme leurs prêtres ont coutume de se raser entièrement la tête, on les appelle par dérision *Kami-Naga*, c'est-à-dire, les hommes à longue chevelure ; s'ils veulent se présenter au temple d'Izé qui appartient à la secte principale des Sintos ; il faut d'abord qu'ils se coiffent d'une sorte de perruque ; sans cela, ils ne seroient point admis.

Au lieu de *Nia*, nom qui appar-

---

(1) Ce passage est extrait des manuscrits de M. Titsingh.

tient à leurs livres de cantiques, on se sert des mots *somé-gami* qui signifient *papier peint.*

Leurs temples étoient autrefois couverts en tuiles; on emploie pour les désigner, au lieu du mot *déra*, celui de *karvari-boutsi* qui signifie *toit de tuiles.*

On ne dira jamais qu'un prêtre Siaka a mangé de la viande, mais qu'il a mangé des *také*, c'est-à-dire des champignons. Pour dire que quelqu'un d'entr'eux a été battu, on emploie une expression qui signifie *caressé.*

Nous interrompons ici un moment la relation de M. Golownin, pour completter ses réflexions, à l'aide de passages, extraits de l'ouvrage de Charlevoix.

« Comme les Sintoïstes, se disent les seuls dépositaires de la tradition sur l'origine du Japon, et sur la formation de l'homme, connoissance qu'ils ne communiquent, aux initiés, qu'après en avoir exigé un serment solennel de ne rien révéler, on les respecte comme les messagers de la divinité; on n'a pu encore trouver parmi eux d'indiscrets, et je ne pense point que l'on ait jamais vu sortir de dessous la presse, un *Sintoïste sur l'échafaud*. Le gouvernement n'est point alarmé de cette exactitude mystérieuse à garder le silence; parce que les Sintoïstes n'enseignent point une doctrine contraire au pouvoir souverain, parce qu'ils ressortissent, ainsi que les autres, du tribunal séculier, dans tout ce qui n'est pas immédiatement lié au dogme. D'ailleurs, la cour n'ignore pas l'objet et le motif de ce secret, qui sert plus efficacement la politique que la religion.

« La secte des Budsoïstes est la plus nombreuse et la plus puissante. Elle s'introduisit au Japon, vers l'an 65 de l'ère chrétienne. Un certain *Darma*, prêtre indien, l'apporta de son pays : il possédoit toutes les qualités dont on a besoin, pour séduire ou pour convaincre la multitude ; il avoit un extérieur grave et austère, un goût décidé pour la contemplation, une bonne poitrine, beaucoup de constance, et surtout une aptitude inimitable à faire des faux miracles. Cette doctrine fut goûtée au Japon, et une partie des

Sintoïstes l'embrassa, sans abandonner ses premières idées ; mais les rigides s'opposèrent vigoureusement à ces nouveaux venus qui, triomphant enfin des obstacles qu'on leur avoit opposés, forcèrent les Sintoïstes récalcitrants, à professer, au moins extérieurement, une religion singulière, et par cela même, chère au peuple. Les docteurs, en effet, enseignent que l'âme des bêtes, n'est pas moins immortelle que celle des hommes, qu'il y a un paradis et un enfer, que les âmes qui ont habité des corps soumis aux cérémonies du Budsoïsme, goûtent des plaisirs ineffables, dans le sein d'Amida, leur Dieu souverain ; cependant, ils reconnoissent divers degrés de béatitude, la mesure des mérites est celle de l'éternelle félicité. Ce Dieu Amida est le sauveur et le médiateur des Budsoïstes: ils ne reconnoissent aucun être au-dessus de lui.

« Il n'est peut-être pas de religion plus compliquée dans ses préceptes moraux, qui sont aussi rigoureux que nombreux. On en compte au moins six cents, dont l'observation est prescrite, sous peine d'aller en enfer.

« Les Budsoïstes ont de grands chapelets, dont ils font rouler les grains, en récitant des prières assez longues ; il en est un qui l'emporte en sainteté sur tous les autres ; les dévots le récitent trois fois le jour, et à l'exemple des Espagnols, ils le portent toujours ou à la main ou dans leur poche. Les moines en font un commerce très-lucratif, ainsi que des billets bénis, sur lesquels ces moines prennent de l'argent à intérêt, et par ce moyen ils en font des billets au porteur. Les pélerinages sont fort en usage parmi eux; Debry dans ses épîtres japonaises, en cite un, dont *Purchas* assure la réalité, que je range néanmoins parmi les fables. J'en dirai toutefois un mot pour divertir le lecteur. Le pélerin arrivé au terme de son voyage, se livre entre les mains de certains moines sauvages, qui lui font observer le jeûne le plus rigoureux, le promènent de précipices en précipices, et lui imposent des austérités d'un genre singulier et cruel. Si le pélerin ose se plaindre ou omettre un seul article de la pénitence, ces impitoyables ermites le précipitent du haut d'un rocher.

Il doit faire une confession générale et très-sincère de ses péchés, confession qu'on lui fait souvent répéter, afin de s'assurer de la sincérité de ses aveux; c'est à peu près celle que l'on extorque dans les tribunaux de l'Inquisition.

« On place ce pauvre pénitent dans une balance suspendue à une longue barre de fer, dont les deux bassins sont immédiatement au-dessus d'un précipice affreux; de manière, que si cet imbécile dévot, placé dans un des bassins, manque à l'exactitude sur le narré de ses fautes, le moine qui tient le bout de la barre, la soulève et lui donne une secousse qui le jette hors du bassin, et le fait rouler sur des pointes de rochers qui le brisent et souvent le tuent. Si la confession est telle que l'exige la curiosité monacale, on ramène le pénitent dans le monastère, où il est régalé de spectacles, et de danses, mais bien entendu à ses dépens. On lui remet en main un certificat qui contient un pompeux éloge de l'efficacité du remède pour la rémission parfaite des péchés. Quelque crime qu'il commette dans la suite, il est sûr de jouir du paradis. »

Nous reprenons maintenant la relation de Golownin.

Il y a au Japon, comme ailleurs, et peut-être en aussi grand nombre, des hommes qui se disent *esprits-forts*. Je n'ai pas entendu dire qu'ils fussent à proprement parler des *déistes*; ce sont plutôt de véritables *athées*. Ils rejettent l'existence d'un être suprême, en attribuant au hasard la

DE RICORD.

création du monde et l'ordre invariable qui y règne; en un mot, ils doutent de tout. Notre ami Teske étoit du nombre de ces incrédules; plus d'une fois il s'en expliqua librement dans nos conversations intimes. Sa philosophie consistoit à prétendre que l'homme ne doit songer qu'au passé et au présent, sans jamais s'occuper de l'avenir, soit dans ce monde, soit dans l'autre, attendu que cet avenir est impénétrable. Toutes les religions lui paroissoient sous ce rapport d'une extrême obscurité, et il en tiroit des conclusions d'accord avec la morale d'un véritable épicurien.

La curiosité m'engagea à demander à Teske s'il étoit permis au Japon d'exprimer hautement son opinion sur de semblables sujets. Aucune loi ne le défend, répondit-il, mais nos prêtres sont assez puissants pour faire beaucoup de mal à quiconque se moqueroit ouvertement de leurs dogmes. Ils ont d'ailleurs le droit de traduire devant les tribunaux tout homme qui cherche à en détourner d'autres de la croyance qu'ils professent; c'est dans notre pays un délit puni d'un emprisonnement de quelque durée; je ne parle ici, continua notre ami, que des religions nationales et tolérées, car s'il s'agissoit de la religion chrétienne ou de tout autre culte étranger, l'imprudent missionnaire seroit puni de mort.

Teske et plusieurs de nos gardiens nous parlèrent beaucoup de leurs prêtres. Les ecclésiastiques japonais, nous dirent-ils, sont pour la plupart des hommes vicieux ; bien que les lois leur prescrivent de vivre dans la continence, de ne manger ni chair, ni poisson, de ne point boire de vin, et de s'abstenir de femmes ; ils s'abandonnent à une débauche continuelle, et séduisent une multitude de femmes et de filles.

Aucune loi ne punit le défaut d'accomplissement des préceptes religieux ; les prêtres eux-mêmes ne s'en occupent pas. Nous avons connu plusieurs Japonais qui se vantoient de ne jamais fréquenter les temples, et qui tournoient en dérision les cérémonies de leur propre culte. Un grand nombre mangeoit publiquement de la viande, malgré l'interdiction qui leur en est faite. Un des employés du gouvernement de Matsmai, aimoit beaucoup à manger de la chair de chien accommodée à la manière du pays, et qui est si dégoûtante que nos sauvages Kouriliens en étoient eux-mêmes révoltés. Ce procédé consiste à plonger un jeune chien tout vivant dans l'eau bouillante, à en arracher les poils, et à le servir ensuite sur la table sans autre préparation.

Il est toutefois, bien peu de Japonais exempts de préjugés ; la plus grande partie de ce peuple est plongée dans une extrême bigoterie, et dans une aveugle superstition. Ils croyent à la magie, et aiment beaucoup à s'entrenir de prodiges. Ils attribuent aux renards, toute la malice, qu'en Europe, les gens du peuple, reconnoissent au démon et aux esprits impurs. Nos paysans s'imaginent que le tonnerre est de pierre; les Japonais croyent que c'est un chat qui s'élance au milieu des éclairs.

En Russie, parmi les hommes du peuple, on crache trois fois à terre en pensant à quelqu'un, pour l'empêcher de devenir malade; on ne présente jamais de sel à table à un convive sans avoir soin de prendre une figure riante; à défaut de cette précaution, l'on craindroit d'avoir avec lui une querelle. Si les Japonais n'ont point ces idées ridicules ni quelques autres du même genre, ils en ont qui les valent bien. Ainsi personne n'oseroit passer sur un pont nouvellement construit avant qu'on l'ait fait traverser par le vieillard le plus ancien du canton; sans cela on se croiroit menacé d'une mort imminente. Lorsque cette cérémonie a été faite, la foule se présente sur le pont, afin d'en achever l'inauguration. (*Voyez la planche en regard*).

On remarque dans ces circonstances(1) une variété singulière de personnages et de costumes. Les militaires se distinguent par leur vêtement, appelé *kamisimo*, et par leurs deux sabres. On y voit quelquefois des femmes. Les personnes en deuil se distinguent par l'espèce de corbeille qui compose leur coiffure. Enfin des marchands présentent aux amateurs, soit sur des étalages, soit dans des boîtes fermées, toutes sortes de denrées.

Les Russes considèrent comme un

(1) L'estampe que nous joignons ici est tirée des papiers de M. Titsingh. Elle a été calquée sur un long rouleau japonais.

préservatif assuré contre la foudre, les restes des cierges qu'on a allumés à la première messe du dimanche de Pâques, et ils les gardent avec soin pour sauver leurs habitations du feu du ciel. Les Japonais conservent pour le même usage, jusqu'en été, des pois chiches grillés, dont ils mangent dans une de leurs grandes fêtes d'hiver. Il suffit, selon eux, de jeter pendant un orage une poignée de ces pois miraculeux contre les murs de la maison; et le tonnerre ne sauroit y tomber ni faire du mal à ce qui s'y trouve renfermé.

Sur les chemins publics il n'y a pas de montagne, de colline, de tertre, qui ne soit consacré à quelque divinité; les voyageurs sont en conséquence obligés d'y faire des prières.

La multiplicité des chapelles pouvant occasionner des retards considérables, voici de quelle manière on remédie à cet inconvénient. Il y a dans tous ces endroits un pieu, planté en terre, ou bien l'on se sert pour le même objet des bornes milliaires qui marquent les distances. On attache à ce poteau, à la distance de quatre pieds de terre, une longue perche verticale, terminée par une plaque de fer, roulée en cylindre et tournant sur un pivot. La prière spéciale, qu'on doit réciter, est gravée sur le cylindre et on le fait tourner autant de fois que les paroles devroient être prononcées; cette formalité est jugée suffisante. Le voyageur peut donc, sans s'arrêter, et par un simple mouvement de la main, payer son tribut d'hommage à la divinité du lieu.

Je ne saurois parler de ce qui se passe dans les temples, attendu qu'on n'a jamais pu se résoudre à nous y laisser entrer pendant le service divin ; on évitoit même de s'entretenir avec nous sur ce sujet. Voici tout ce qu'il m'a été possible d'en apprendre.

Il y a trois prières par jour, au lever du soleil, deux heures avant midi et deux heures avant que le soleil soit couché. C'est à-peu-près comme dans la religion catholique, les matines, la messe et les vêpres. Le son de la cloche annonce au peuple l'heure de l'office. La sonnerie se fait de la manière suivante. Un intervalle d'une demi-minute s'écoule entre le premier et le second coup ; la distance est moindre entre le second et le troisième ; les autres sont frappés de plus en plus vîte.

Au bout de deux minutes on recommence dans le même ordre, et on sonne encore de la même manière une troisième fois.

Devant les temples sont des bénitiers de pierre ou de métal où les Japonais ne manquent pas de se laver les doigts avant d'entrer. On brûle devant les idoles des cierges faits avec du blanc de baleine et la sève bitumineuse d'un certain arbre qui croît dans les parties méridionale et centrale de l'île de Niphon. Des fleurs naturelles ou artificielles sont offertes en sacrifices. Les dernières sont faites avec de l'étoffe de soie ou du papier de couleur, et le présent est proportionné à la richesse ou à la ferveur de celui qui l'offre. On suspend ces bouquets, comme des *ex-voto*, à la muraille du temple ou à l'image même du dieu. Les dévots donnent en outre de l'argent, des fruits, du riz et d'autres comestibles pour les desservants du temple, à qui ce genre d'offrandes est très-agréable. Les prêtres parcourent aussi les villes, les villages, les grandes routes, et demandent des présents pour leurs dieux. Il en est qui portent sur leur dos des besaces où ils déposent le produit de la quête. Ces mêmes prêtres chantent des hymnes, récitent des espèces de sermons, ou font tinter une clochette qu'ils portent à la ceinture. Dans nos promenades à Matsmai nous rencontrions très-souvent de ces moines mendiants. Pendant le service divin, les Japonais se tiennent communément à genoux, la tête baissée et les mains jointes. Quand ils récitent leurs prières, ils frappent alternativement les mains l'une contre l'autre, et les portent à leur front. Ils ne cessent de faire des révérences, et prient à demi-voix.

La différence des sectes et des religions au Japon n'occasionne pas le moindre trouble dans le gouvernement, ni dans la vie civile. Chaque habitant a le droit de reconnoître la religion qui lui plaît, et d'en changer quand il le juge convenable, sans que personne lui demande s'il s'est décidé par conviction, ou par motifs d'intérêt. Il n'est pas rare de voir les membres d'une même famille attachés à des sectes différentes, et cette dissidence d'opinions religieuses ne produit ni haines, ni disputes. Les lois japonaises défendent seulement de faire des prosélytes.

Le Daïri ou empereur ecclésiastique, qu'on nomme aussi *Kin-Rei*, est le chef de l'antique religion du pays ; cependant les membres des autres sectes ont une haute vénération pour lui. Il ne dispose pas seulement des places qui entraînent des fonctions spirituelles, il confère aussi aux fonctionnaires laïcs la dignité de *Kami*, dont se font honneur les principaux personnages de l'empire.

Le Daïri est invisible pour toutes les classes du peuple, à l'exception de sa cour et des ambassadeurs que lui envoye le monarque séculier (le

Djogoun ou Coubo). Une fois seulement dans l'année, à l'époque d'une grande fête, il se promène dans une galerie fermée, tout le long de laquelle règnent des espèces de soupiraux. C'est par les ouvertures inférieures qu'il présente ses pieds à baiser, mais on ne voit ni sa figure, ni le reste de sa personne.

Les habits qu'il porte sont de soie, mais seulement de soie écrue, et ils doivent avoir été préparés par de jeunes vierges sans tache.

On lui sert tous ses repas dans de la vaisselle neuve qu'on brise à chaque fois; les Japonais ne croyent pas permis à qui que ce soit de manger dans les vases qui lui ont servi; si quelqu'un commettait ce crime exprès ou involontairement, il le paieroit de sa vie.

Plusieurs degrés sont connus dans le clergé japonais. Il y a des grands prêtres qu'on peut comparer aux archimandrites des Russes. Un d'eux réside à Matsmai où il habite un palais entouré de plus petits édifices, et d'un jardin fermé d'une muraille de terre; en sorte que cette demeure ressemble à un château fort. Cela prouve combien sa dignité est respectée. On nous a dit que sa puissance ne s'étendoit sur les membres du clergé qu'en ce qui concerne les matières de religion; si donc un prêtre est accusé d'un crime, ou s'il est engagé dans une contestation civile, on le juge selon les lois ordinaires.

Pendant notre séjour à Matsmai, le gouverneur fit conduire en prison un ecclésiastique accusé de vol. On lui reprochoit en outre d'avoir déserté son saint ministère. Condamné par le juge civil, il fut livré immédiatement au bras séculier pour l'exécution. Je dis à ce sujet aux Japonais, que dans mon pays on ne traitoit pas ainsi les prêtres, et que l'on commençoit par les dégrader avant de les mettre entre les mains de la justice ordinaire. Ils se mirent à rire de notre coutume, et ajoutèrent qu'un méchant prêtre ne devoit pas être plus favorisé qu'un méchant homme; que celui-ci avoit été jugé d'après les lois communes, et que peu importoit qu'il perdît son état avant sa mise en jugement, ou quelques instants avant de perdre la tête.

Le grand prêtre de Matsmai ne

rend jamais de visite au gouverneur, il le reçoit seulement une fois l'année au printemps dans une petite île située près de Matsmai, où se trouve un temple consacré à sept vierges saintes.

Des couvents d'hommes et de filles existent au Japon; mais nous n'avons pu acquérir de notions sur leurs réglements intérieurs. Il paroit que les moines et les religieuses sont assujétis aux privations les plus sévères, mais qu'ils savent s'en affranchir.

CHAPITRE VII.

Forme du Gouvernement.

Le Japon a deux souverains, connus des Européens sous les noms d'*empereur séculier*, et d'*empereur ecclésiastique*. Je me conforme à l'usage reçu en leur donnant cette dénomination, mais je ne puis assurer que ce soit leur véritable titre.

Le *Coubo* ou Djogoun (1) est, à proprement parler, le véritable em-

(1) C'est dans les manuscrits de M. Titsingh que l'on a vu pour la première fois ce titre de *Djogoun*, écrit par lui *Zjogoen*, suivant l'orthographe hollandaise. J'ai cru devoir introduire dans l'ouvrage de M. Go-

pereur du Japon. Il donne, en effet, seul des lois à un empire qui, à la vérité, n'est pas fort étendu, mais dont la population est considérable, et il réunit sous ses lois suprêmes un assez grand nombre de principautés.

La dignité d'empereur ecclésiastique n'offre d'analogie dans aucune partie du globe; son pouvoir temporel ou spirituel ne s'étend pas hors du Japon, et le nom d'empereur est impropre dans le sens que nous avons coutume d'y attacher. Le Daïri, ou plutôt le *Kin-Rey* (tel est le vrai titre qu'on lui donne), n'a aucune participation au gouvernement, et ne connoît en quelque

lownin ce terme qui paraît plus généralement employé au Japon que celui de Coubo. (*Note du traducteur.*)

sorte que par hasard ou par le bruit public ce qui se passe d'important. C'est seulement dans des cas extraordinaires que l'empereur séculier a besoin de son concours, par exemple, lorsqu'il s'agit de changer une ancienne loi, ou d'en introduire une nouvelle, de négocier avec une puissance étrangère (1), de déclarer la guerre etc. Mais dans tous ces différents cas l'empereur séculier prend d'avance ses mesures, et sait bien que le consentement du Daïri ne lui sera pas refusé.

(1) On en voit une preuve frappante dans le voyage de Krusenstern. L'ambassade russe ne fut pas reçue, parce que l'opposition de la cour du Daïri l'emporta sur la première décision de la cour de Iédo. (*Note du traducteur.*)

En un mot, le Coubo ou Djogoun se conduit aujourd'hui, avec le Daïri, comme autrefois les plus puissants et les plus éclairés d'entre les princes catholiques se comportoient à l'égard du pape. Après s'être assurés des intentions du Saint-Père, par des menaces ou par des présents, ils lui envoyoient de pompeuses ambassades, et paroissoient solliciter son adhésion libre et spontanée; les peuples étoient presque toujours dupes de ces artifices.

Au surplus, le souverain séculier témoigne le plus profond respect au chef de la religion. Ils ont rarement des entrevues personnelles, et un très-grand nombre d'années se passe sans que le Djogoun vienne faire sa visite au Daïri; mais ils s'envoyent fréquemment des ambassadeurs ; les plus riches présents sont toujours offerts par le Djogoun, tandis que le Daïri ne donne guère que sa bénédiction.

L'empereur séculier a en effet dans ses mains presque tous les revenus du royaume, tandis que le Daïri jouit seulement de ceux de sa principauté de Kioto. Il gouverne cette province en souverain indépendant ; il ne diffère à cet égard des *Damios* ou princes tributaires qu'en ce que ceux-ci sont obligés de faire la guerre à leurs dépens, tandis que le Daïri ne fournit aucunes troupes au Djogoun, et n'a pas même de soldats à lui. La sûreté intérieure de sa principauté est maintenue par une milice à la solde du Djogoun, de qui seul elle reconnoît l'autorité. De-là résulte l'asservissement le plus complet du Daïri, dont la puissance n'est qu'une vaine ostentation.

Les deux souverains observent entr'eux la plus sévère étiquette. Ainsi le Daïri entretient constamment à la cour de Iédo quelques personnes chargées par lui de veiller sur la conduite du souverain séculier et de mettre les chefs de la religion nationale à portée de rappeler le Djogoun à ses devoirs dans le cas où il s'en écarteroit. Parmi ces personnes il y a quelques dames d'honneur, qui ont une mission fort étrange, celle de surveiller la manière dont vivent ensemble le Djogoun et sa femme légitime, et de s'assurer de la fidélité conjugale du prince lui-même. Ces précautions n'empêchent pas du tout que sa majesté japonaise n'entretienne des maîtresses, au vu et au su de toute sa cour à l'exception des dames surveillantes qui s'arrangent apparemment pour ne rien voir ; quant à la fidélité de l'impératrice, il est plus facile d'en répondre, car elle ne voit jamais d'autre homme que son royal époux.

Les honneurs que le prince séculier rend au souverain de Méaco, sont vraiment extraordinaires. A la nouvelle année, il envoye au Daïri une ambassade chargée de lui présenter ses hommages, et de lui porter de riches présents. L'usage exige que parmi ces présents il y ait une grue blanche à tête noire que l'empereur a dû prendre lui-même à la chasse au faucon (1).

Aucune affaire ne sauroit dispenser le Djogoun de cette chasse : une maladie grave peut seule lui servir d'excuse ; en ce cas son fils ou le plus proche héritier du trône doit s'acquitter d'un pareil devoir.

Il est vrai que la chasse aux grues n'est pas accompagnée de beaucoup de difficultés ; ces oiseaux sont extrêmement nombreux dans le voisinages de Iédo. Les collines, les lacs,

(1) Les Japonais sont de grands amateurs de la chasse au faucon et au vautour, et s'y montrent fort habiles. Ils racontent des merveilles de cette chasse, et dressent les oiseaux de proie avec une singulière perfection.

les ruisseaux en sont couverts, et la poursuite de ces oiseaux est défendue sous les peines les plus sévères à tout autre qu'à l'empereur ou à ses courtisans. Ces volatiles étant peu effarouchés, on en prend, quand on le veut, un nombre considérable dans un court espace de temps.

Sous quelques rapports la situation du Daïri a de l'analogie avec celle des papes; mais sous d'autres points de vue, il ne sauroit y avoir de comparaison. La différence la plus importante est que la dignité de pape est élective, tandis que celle de Daïri est héréditaire. Le Daïri a en conséquence douze femmes, afin que sa race ne vienne point à s'éteindre.

D'un autre côté les papes sont souverains absolus des états ecclésiastiques. La province du Daïri fait au contraire partie intégrante du Japon, elle est, comme les autres principautés, soumise aux lois générales de l'empire.

Enfin le pape est à la tête d'une religion dominante, et quelquefois exclusive dans les pays catholiques; mais le Daïri offre à cet égard une double bizarrerie; d'une part la religion, dont il est le chef, n'est professée que par une partie des Japonais; de l'autre il exerce une certaine autorité sur les prêtres de toutes les sectes.

Nous avons eu pendant notre captivité beaucoup d'occasions de nous convaincre du peu d'influence du Daïri sur le gouvernement et sur la politique extérieure. Dans nos conversations avec les Japonais nous nous plaignions quelquefois de la lenteur que l'on mettoit à expédier notre affaire ; nous disions que quand même le Coubo et son conseil prononceroient notre mise en liberté, la cour de Méaco n'approuveroit peut-être pas cette décision, et que nous ne verrions jamais la fin de nos maux. Les Japonais nous répondirent alors que peu importoit la décision du Daïri. Il suffit, ajoutoient-ils, que le Coubo prononce en votre faveur; ses intentions n'éprouveront aucun obstacle de la part du Daïri, car il fait tout ce qu'il lui plaît (1). Ils nous assurèrent aussi que la puissance du

(1) On a vu dans une des notes précédentes un exemple du contraire. (*Note du traducteur.*)

Daïri n'étoit plus à beaucoup près ce qu'elle étoit autrefois, et qu'elle se réduisoit à de pures apparences.

En 1813, la dynastie actuelle des Daïris occupoit le trône depuis 2413 années consécutives; ainsi elle remontoit tout juste à six siècles avant l'ère chrétienne.

L'histoire japonaise a conservé le nom et la date de l'avénement de tous les empereurs pendant vingt-quatre siècles; leur nombre est d'environ cent trente.

Pendant les vingt premiers siècles, la maison de Kin-Rei, d'où sont sortis les Daïris ou *Daïossos* actuels, possédoit sans partage l'autorité souveraine. Les Daïris étoient monarques dans toute la force du mot. Enfin les chefs de l'armée, profitant des dissensions intérieures, s'emparèrent du pouvoir, d'abord par des manœuvres secrètes, ensuite à force ouverte. Il y a environ deux cent trente ans, un de ces généralissimes, nommé Coubo, se saisit de tout le pouvoir temporel et le transmit à sa famille. Le Kin-Rey ne conserva plus que l'administration des affaires ecclésiastiques de toutes les sectes de l'empire, et le droit d'exprimer son avis dans les conjonctures importantes ou imprévues. C'est de ce chef d'armée qu'est sortie la dynastie actuelle des Coubos ou Djogouns. On fait remonter à un peu plus de deux siècles ce partage du gouvernement entre les deux empereurs.

Beaucoup de Japonais moins réservés avec nous que la plupart de leurs compatriotes, ne parloient pas d'une manière très-favorable de leur administration actuelle Ils se plaignoient de ce que l'empereur régnant s'occupoit peu des affaires par lui-même, et laissoit les princes (les Damios) s'attribuer sur leurs vassaux une autorité illimitée.

La succession de l'un ou l'autre empereur appartient à l'aîné de leurs enfants mâles. Jadis, à défaut de ces derniers, les veuves ou les filles du Daïri montoient sur le trône. Cette disposition est changée. Un Coubo ou un Daïri qui n'auroit point d'héritiers mâles seroit tenu d'adopter un prince de son sang.

L'empire du Japon consiste en un grand nombre de principautés gouvernées par des *Damios* ou princes souverains. Il y a aussi des provinces qui appartiennent en propre au souverain séculier, et dont il nomme les gouverneurs. On compte plus de deux cents Damios ; quelques-uns ont des états fort peu considérables ; d'autres sont très-puissants. Tel est le Damio de Sindaï. Lorsqu'il vient à la cour il est accompagné d'une escorte, ou plutôt d'un corps d'armée de soixante mille hommes. Ces princes exercent chez eux une autorité absolue : ils ont même le droit de publier dans leurs états des lois ou réglements qui n'ont point d'autorité dans les autres parties du royaume ; la seule condition est que ces dispositions locales ne contrarient pas la constitution générale de l'empire. Chaque Damio est obligé de fournir à l'empereur séculier un contingent de troupes dont la quantité est fixée.

Les provinces qui appartiennent au Coubo, sont administrées par des gouverneurs appelés *obunjos*. Les principautés voisines y envoyent chaque année des troupes en garnison ; il s'y trouve aussi quelques soldats de l'armée impériale.

Le grand conseil du Coubo consiste en cinq membres qui doivent être tous choisis parmi les Damios. Ce conseil prononce en dernier ressort sur toutes les affaires ordinaires, sans demander la sanction du monarque ; mais dans les cas importants il ne peut rien faire sans l'autorité du Coubo. L'empereur lui-même dans ces circonstances extraordinaires ne peut se dispenser de prendre l'avis de son conseil. On pourroit d'après cela regarder le gouvernement du Japon comme une sorte de monarchie tempérée. Il est vrai que l'empereur peut changer les membres de son conseil aussi souvent qu'il le juge convenable.

Cependant l'empereur du Japon est retenu dans les bornes d'une sage modération, par la crainte que ses abus d'autorité n'excitent les Damios à la résistance et même à la révolte. Une seule chose prouve combien les Damios sont redoutables, c'est la précaution que l'on a de retenir leurs femmes et leurs enfants dans la capitale, et de les obliger à passer alternativement une année dans leurs états, et une année à la cour.

Le grand conseil s'appelle *Gorods-*

DE RICORD.

chi. Les noms des membres qui le composent occupent la première place dans l'almanach de la cour, où se trouvent indiqués tous les fonctionnaires principaux.

Il y a encore un autre conseil qu'on pourroit appeler cour supérieure de justice, car il prononce en dernier ressort sur tous les procès importants, soit au civil, soit au criminel. Les affaires d'administration les plus considérables sont d'abord discutées devant cette cour avant d'être portées au grand conseil. Le tribunal se compose de quinze membres qui sont tous de grands seigneurs de seconde classe du rang de Chamodos, et qu'on peut comparer aux anciens boyars russes.

Ces deux branches d'administration dépositaires de toute l'autorité législative, sont cependant sous l'influence indirecte des courtisans de l'empereur, nommés au Japon Osoba-Kaschra. C'est dans cette classe que l'empereur prend toujours ses favoris et ses confidents. Il discute ou confère secrètement avec eux des affaires d'une grave importance, avant d'arrêter l'opinion qu'il doit émettre au grand conseil.

Les ministères sont au nombre de sept; chacun d'eux se subdivise en deux ou trois sections ou départemens, suivant le nombre ou l'importance des affaires. Les ministres portent le titre de bunjo par addition à celui de leur département. Ainsi Gogandschio-bunjo signifie ministre du commerce ; Madzino-*bunjo* veut dire ministre de la police, (1) etc. Quand on se sert du mot *bunjo* dans l'acception de gouverneur, on le place de même après le nom de la province. On dit, en conséquence, *Nangasaki-bunjo* pour gouverneur de Nangasaki, etc. Les ministres ont sous eux des conseillers nommés *Ginmijagous*, et d'autres employés supérieurs.

Voici les noms et les attributions de chaque ministère :

1°. *Ministère des finances et des revenus.* — On perçoit au Japon la

(1) Ce mot *bunjo* ou *banio*, suivant les voyageurs hollandais signifie *gouverneur* ; il se dit également de l'administrateur d'une province, ou du chef d'un département quelconque du ministère.

plus grande partie des revenus publics par une dîme en nature. L'agriculture, les fabriques, les manufactures et les autres branches de l'industrie sont dans la compétence de ce même département.

2°. *Ministère de la marine et du commerce.* — J'entends par-là le commerce intérieur; car le trafic avec les étrangers est presque insignifiant; il ne se fait guères que pour le compte et au profit de l'empereur. Le négoce intérieur est fort étendu, et se fait presque tout entier par mer, ce qui, grâce à la topographie particulière du Japon, facilite extrêmement le transport des productions d'une province à l'autre. Les marchandises sont portées de l'intérieur des terres aux villes maritimes, et de celles-ci dans l'intérieur, au moyen de fleuves et de canaux. Si les montagnes s'opposent à ce genre de communication, l'on se sert de chevaux et de bœufs. La différence du climat des possessions japonaises en occasionne une très-considérable dans les produits; les échanges réciproques employent en conséquence un nombre considérable de grandes jonques et de matelots.

3°. *Ministère des bâtiments.* — Ce département a sous sa surveillance tous les édifices publics, y compris les temples et les fortifications.

4°. *Ministère de la police.* — Cette branche de l'administration est des plus importantes. Le caractère soupçonneux de l'empereur, et sa défiance continuelle à l'égard des Damios l'obligent à multiplier les surveillants, et à entretenir une armée d'espions. Les personnes les plus considérées de l'empire, celles qui jouissent au plus juste titre de la confiance de l'empereur et des peuples, sont à la tête de l'administration de la police.

5°. *Ministère de la justice civile et criminelle.* — Dans chaque principauté, les procès criminels ou civils sont jugés d'après les lois qui lui sont particulières ; mais si une cause s'étend à une autre partie de l'empire, ou si elle tient à la constitution générale de l'état, elle est soumise à la délibération et à la décision du ministère de la justice ; on y porte aussi les appels des grands procès criminels des provinces impériales, si leur gravité est telle que le gouverneur ne puisse en connoître en dernier ressort.

6°. *Ministère de la guerre.* — Ce département a la surveillance des arsenaux impériaux, des fonderies de canons et des fabriques d'armes. On y règle le contingent de troupes que doit fournir chaque prince, et les lieux que ces troupes doivent occuper; enfin on y détermine tout ce qui tient à la défense de l'empire.

7°. *Ministère des Cultes.* — J'ai déjà dit, en ce qui concerne les matières ecclésiastiques, qu'elles sont dans les attributions exclusives du Daïri, Daïsso, ou Kin-Rei ; mais il ne sauroit empiéter en aucune manière sur les droits du Djogoun. S'il tentoit cette usurpation, le prince séculier auroit toute la puissance nécessaire pour s'y opposer.

C'est à Méaco que réside l'empereur ecclésiastique ; la demeure du prince séculier est à Iédo (1). On a joint à la description des cérémonies japonaises une vue de son magnifique palais. Nous en donnons ici le plan avec l'explication des chiffres de renvois. (*Voy. la planche en regard.*)

a. Endroit où personne n'est admis.
b. La demeure de l'Impératrice.
c. Cabinet de l'Impératrice.
d. Salle extraordinaire.
e. Salle de l'horloge et de ce qui y tient.

(1) La fin de ce chapitre est tirée des manuscrits de M. Titsingh. (*Note du traducteur.*)

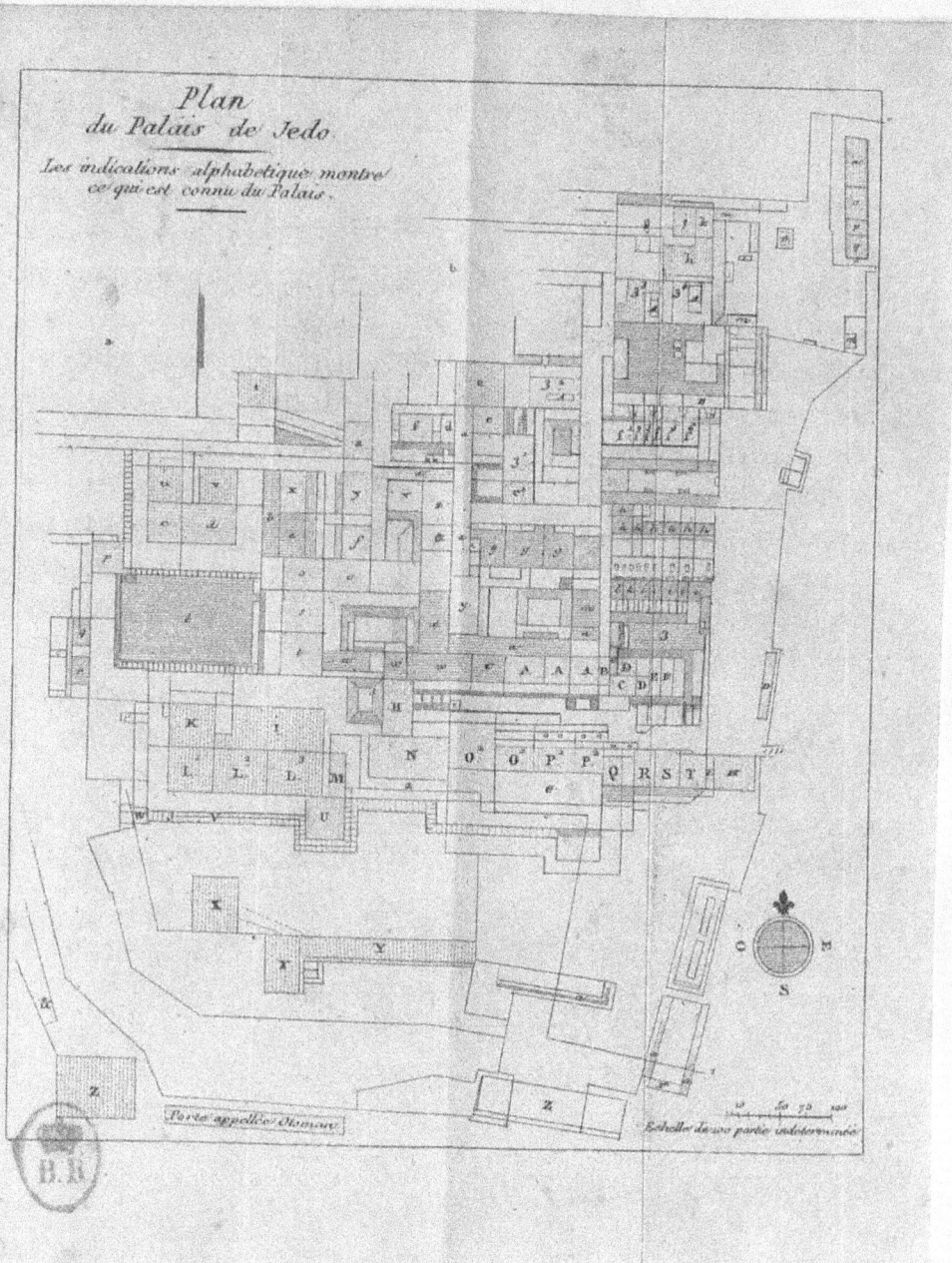

f. Chambre des conseillers.
g. Chambre des fourneaux.
h. Cuisine.
i. Fourneaux.
j. Endroits où se conserve le sakki.
k. Chambre où sont déposés les présents.
l. Bain.
m². Maison du garde.
n. Chambre du porteur de provisions pour l'Empereur.
o. Chambre où sont les provisions d'Olimon.
p. Chambre du maître d'hôtel.
q. Salle du colonel des fantassins.
r. Porte.
s. Chambre des habits de l'Empereur, où il s'habille et se coiffe.
t. Salle de comédie.
u. Salle où l'Empereur est toujours assis.
v². Secrétariat.
x. Sallon des fleurs.
y. Chambre où se conservent les petits objets.
z. Chambre du gouverneur du château.

etc. Kikio noma.

e^1. Chambre du dispensaire.

a^5. Plancher.

b^2. Place ouverte.

c. Salon du bal.

d. Grand salon du premier.

e. Salle des Princes du sang.

f. Murailles de bambou.

g^3. Profondeur.

h^7. Chambre provisoire et extraordinaire du maître.

i^5. Garde supérieure du château.

j. Vues de Méaco, d'Osaka, Nangasaki, etc., dans l'appartement où réside le commissaire des étrangers.

k. Vestibule.

l. Chambre de philosophie.

m. Vestibule.

n. Salon du thé.

o^2. Chambre du Gonorna ou petit seigneur.

q. Chambre de trois parents de l'Empereur.

r. Chambre de trois familles impériales.

s. Salon.

t. Arbre japonais nommé *Jonagie*.
u. Gardes du corps.
v. Chambre des présents.
w. Salon de *Vinoki-Noma*.
x. Muraille appelée *Sougio-Noma*.
y. Chambre des commissaires.
z. Entrée du milieu.
A³. Chambre des bonzes.
B. Chambre des porteurs d'Olimon.
C. Chambre du chef.
Dª. Chambre du médecin.
E. Chambre du chirurgien.
F. Chambre de l'écrivain.
G. Chambre de l'éclaireur et des gardes.
H. Chambre de la ferraille.
I. Chambre des seigneurs de Kaga, Satsuma et d'autres plus grands seigneurs.
K. Chambre impériale.
L³. Salle d'audience.
M. Chambre de congé.
N. Chambre du concierge du grand salon.
O³. Chambre de travail pour les Hollandais.
P. Chambre intérieure du garde du Genquam.

Q. Chambre des fantassins supérieurs.
R. Commodités pour les fantassins.
S. Chambre du garde.
T. Salle des gardes de l'Impératrice.
U. Endroit où l'Empereur monte en voiture, ou Olimon.
V. Salle d'audience.
W. Caisse en bois.
X. Place de la comédie pour les Daïris.
Y^2. Place des musiciens.
Z. Charpente.
ETC. Porte appelée Otoman.
1—2—3. Entrée publique de l'envoyé hollandais avec sa tenture verte.
a, a, a. Escalier en pierre.

CHAPITRE VIII.

Lois et mœurs.

Les habitants du Japon se divisent en huit classes :

La première est celle des *Damios*, ou princes régnants.

La deuxième est celle des *Chadamados*, ou nobles.

La troisième se compose des bonzes ou ecclésiastiques.

La quatrième comprend les soldats.

La cinquième les commerçants.

La sixième les artisans.

La septième les paysans et laboureurs.

La huitième les esclaves.

Première classe. Tous les princes régnants ne jouissent pas des mêmes droits et priviléges. Quelques-uns possèdent des prérogatives plus ou moins étendues, lesquelles dépendent des conditions que leurs prédécesseurs ont mises à prêter leur assistance aux Coubos pour détruire la puissance des Daïris. Ces distinctions n'existent pas seulement pour des choses importantes, mais pour de pures bagatelles qui tiennent à l'étiquette ou au cérémonial. Quelques-uns de ces princes, par exemple, ont le droit exclusif d'orner leur cheval d'une housse de peau de castor ou de panthère, etc. Tous jouissent en commun de la prérogative la plus précieuse, celle de gouverner leur principauté comme ils l'entendent, pourvu qu'ils ne portent point atteinte aux lois fondamentales, et qu'ils ne nuisent point au bien-être du reste de l'empire.

La dignité des Damios est héréditaire, elle devroit toujours appartenir à l'aîné des fils; mais une louable et utile ambition de ces princes les portant à avoir des successeurs dignes d'eux, occasionne parfois des infractions à cette règle. Si le fils aîné se trouve incapable de remplir la place de son frère, l'hérédité est déférée au plus intelligent d'entre ses cadets. On a même vu des princes convaincus de l'incapacité de tous leurs descendants, les dépouiller de leurs droits héréditaires, et adopter le fils d'un autre Damio à qui ils léguoient leurs titres et leur puissance. La conséquence de cet usage est que les Damios sont presque tous des hommes habiles et profondément versés dans la connoissance des affaires. Ils n'en sont que plus redoutables à l'empereur dont ils savent contenir l'autorité dans de justes bornes.

Seconde classe. Les nobles Japonais jouissent aussi de très-grands priviléges. A eux seuls appartiennent les places de membres du second conseil ou cour de justice, les emplois importants, et les fonctions de gouverneurs, dans les provinces impériales. Si la guerre éclate, le généralissime est choisi parmi les Damios, ou tout au moins parmi les *chadamodos.*

Chaque famille noble a des droits particuliers à quelque place d'honneur, qui se transmet d'aîné en aîné.

La noblesse est aussi héréditaire, et passe au premier né des fils, à moins que le père ne juge à propos de la conférer à un autre de ses enfants, qu'il en trouve plus digne. Il lui est même permis d'en dépouiller ses fils légitimes, pour la transmettre à un fils d'adoption.

Troisième classe. Le clergé, qui se compose des prêtres séculiers et des moines, est très-nombreux au Japon, et consiste en plusieurs degrés, qui jouissent chacun de leurs priviléges dans les différentes sectes. Ces prérogatives, à la vérité, sont plutôt fixées par l'usage que par les lois.

Quatrième classe. Il ne faut pas comprendre les officiers-généraux dans la classe, proprement dite des soldats, puisque les emplois supérieurs, dans le militaire, comme dans le civil, ne sont donnés qu'à la naissance. Quiconque entre au service impérial, ou à celui d'un prince, doit embrasser la profession des armes, afin de pouvoir combattre en tems de guerre. Les Japonais ne considérant la guerre que comme une commotion violente, mais passagère, du corps social, ne pensent pas que la vie d'un homme doive être exclusivement consacrée à l'art militaire proprement dit. D'un autre côté, la situation de l'empire, et les dispositions pacifiques de son gouvernement, n'appellent jamais sous les drapeaux des générations entières. Les seigneurs Japonais ne recherchent en conséquence que des fonctions civiles; mais ils ne négligent pas d'acquérir des connoissances sur le métier des armes, afin de pouvoir, au besoin, se mettre à la tête des troupes qui forment la garnison des forteresses, ou maintiennent l'ordre dans l'intérieur.

Quant à la profession des officiers subalternes, et à celle des soldats eux-mêmes, elles sont héréditaires; ainsi, les gens de guerre forment une classe à part. Un militaire, affoibli par l'âge ou par les infirmités, ne reçoit jamais son congé, que quand son fils, formé dès le berceau à la même carrière, est devenu capable de le remplacer. A quinze ans, les jeunes Japonais sont reconnus en état de porter les armes.

Lorsqu'un soldat a plusieurs enfants mâles, il est maître de les faire entrer tous au service, ou de n'en destiner qu'un seul à cette profession; mais comme le service est très-doux, et la paye assez bonne, presque tous les enfants de soldats, suivent la vocation de leur père, et y restent jusqu'à la mort. Si le soldat n'a point d'enfants, il peut en adopter un, et lui transmettre cette succession honorable. Les lois permettent aux militaires, aussi bien qu'aux autres sujets, d'adopter jusqu'à trois enfants; s'ils viennent à mourir, on n'ose plus en adopter d'autres, parce qu'on croit que la volonté du ciel s'est manifestée.

Le métier des armes est fort honoré au Japon. Les gens du commun, et même les marchands, n'adressent jamais la parole à un soldat, sans lui donner le titre de sama, (*seigneur ou monsieur*), et ils ont pour lui toute la déférence imaginable. Les troupes impériales jouissent de certains priviléges sur celles des provinces.

Les Européens, admis à Nangasaki, ont toujours pris les soldats pour d'importants personnages : il n'en peut être autrement, lorsqu'on leur voit de riches habits de soie, brochés d'or ou d'argent; il n'est donc pas d'étranger qui ne soit fier de fumer ou de converser avec eux.

Dans les premiers jours de notre captivité, nous tombâmes dans la même erreur, nous crûmes que par crainte ou par égards, on avoit préposé des officiers à notre garde ; mais il se trouva que ces prétendus officiers, étoient de simples soldats du prince de Nambou.

Tous les soldats ont le droit de porter le sabre et le poignard, comme les premiers employés civils. Dans presque tous les villages, il se trouve deux ou trois soldats, qui veillent au maintien du bon ordre, et même à l'administration des officiers de police. On les nomme *Dossine* en japonais. La dégradation d'un soldat est une des peines les plus rigoureuses qu'on lui inflige ; il faut, pour cela, qu'il ait commis de grands crimes. Le sous-officier qui étoit chargé de garder les prisonniers russes, la nuit de leur évasion (1),

(1) Voyez la relation de M. Golownin, tome 4 du Japon.

ut dégradé, en punition de sa négligence; mais quelque temps après, il recouvra le rang de *Dossine*. Pendant tout le temps de son interdiction, il se laissa croître les cheveux, la barbe et les ongles, afin de témoigner la sincérité de son repentir.

Les soldats japonais sont très-sensibles au point d'honneur, et se battent fréquemment en duel pour les offenses les plus frivoles.

Cinquième classe. Les commerçants japonais sont nombreux et riches, mais fort peu estimés; on ne leur accorde pas le droit de porter les armes. Si leur état n'obtient point de considération, il n'en est pas ainsi de leur richesse. Là, comme partout, la fortune l'emporte sur les talents et le mérite; elle rivalise avec les honneurs et les priviléges. On nous a assurés, que si les grands et les principaux officiers de l'état, affectent des dehors fiers et dédaigneux à l'égard des négocians, ils admettent volontiers dans leur intimité, ceux qui sont riches, et sollicitent d'eux, volontiers, des services pécuniaires. Nous avons vu à Matsmai, un jeune officier, fils d'un riche commerçant, lequel n'étoit point parvenu, seulement par ses services, mais par l'or de son père.

Sixième classe. Les Japonais ne m'ont paru faire aucune distinction entre les *artistes* et les *artisans*; ainsi, ils mettent sur la même ligne le peintre et le barbouilleur, l'architecte et le maître maçon, le statuaire en bronze et le chaudronnier. Les droits et les priviléges de ceux qui cultivent les arts et métiers, sont ceux des marchands, avec la seule distinction que peut établir la différence des fortunes.

Septième classe. Les paysans et les laboureurs ou journaliers sont la dernière classe des habitants libres du Japon. Il faut y comprendre tous les hommes qui sont aux gages des autres; car cet empire est si populeux que quiconque possède une pièce de terre ne la cultive pas lui-même, mais la donne à ferme à des gens trop heureux de trouver cette occasion de gagner leur vie. Il y avoit parmi nos gardes des soldats à qui appartenoient des jardinages; il les faisoient cultiver par d'autres, tandis qu'ils employoient à la chasse leurs moments de loisir, et prenoient du gibier pour le vendre.

Il faut aussi comprendre dans cette catégorie les matelots que les Japonais appellent *fekscho-schto*, c'est-à-dire gens de travail.

Les individus de la caste la plus méprisée, celle des porte-faix, s'appellent *madjino-schto*; ces termes veulent dire littéralement, gens qui gagnent leur vie par les grands chemins.

Huitième classe. Cette dernière division comprend les esclaves. Ils tirent leur origine des anciens prisonniers de guerre chinois, coréens et autres, ou bien de malheureux qui se sont vendus par misère. Le commerce des esclaves continue encore ; mais la loi qui ordonnoit de réduire à l'esclavage les ennemis pris à la guerre a été abolie lors de l'extirpation du christianisme. Les prisonniers de guerre qu'on feroit aujourd'hui seroient condamnés à une réclusion perpétuelle, comme le vouloient les antiques lois de l'empire. Ainsi les Japonais ne courent point le danger de voir des étrangers, tombés en leur pouvoir par le sort des armes, introduire chez eux leur religion et leurs mœurs.

Quant aux esclaves, ils sont dans la dépendance absolue de leurs maîtres.

Je n'ai pu apprendre de nos amis japonais à quelle classe appartenoient proprement les fonctionnaires qui ne sont pas ennoblis par leur office, les médecins, les savants et les fils cadets des nobles. Ils nous dirent que c'étoient des personnages estimés, et qu'ils jouissoient de titres proportionnés à leur rang ; mais qu'ils ne formoient pas de classe proprement dite.

Les savants et les médecins portent à la ceinture le sabre et le poignard, comme tous les magistrats, et sont traités par ceux-ci avec distinction, sans néanmoins avoir un grade et des priviléges particuliers. On nous a dit seulement que le doyen des deux cents médecins au service du Coubo marchoit de pair avec le gouverneur de Matsmai.

Le nombre prodigieux de médecins attachés au chef du gouvernement paroîtra peut-être exagéré ; mais il faut savoir qu'ils ne traitent pas seulement la personne du monarque et ses nombreux courtisans; ils sont encore obligés d'éplucher un à un, avec une petite pince, tous les grains de riz que l'on sert sur la table impériale ! Il y a là de quoi les occuper !

Les Japonais comparent le Code de leurs lois à une colonne de bronze que ne sauroient affecter le climat, le temps, les tempêtes, que rien en un mot ne doit ébranler. Le gouvernement en connoît très-bien les défauts, et n'ignore pas que le principal consiste dans la sévérité des châtimens. Cependant il craint, en y portant une main téméraire, d'affoiblir le respect des peuples pour les anciennes lois; il ne veut les accoutumer à aucune sorte d'innovation. Le caprice subit de substituer aux anciennes mœurs, aux anciens usages une réforme quelque plausible qu'elle dût être, pourroit devenir funeste à l'empire ; il en résulteroit peut-être des changements dans la politique, et par suite des guerres civiles, et enfin l'invasion des étrangers.

Toutefois la politique adroite de l'administration sait tempérer la barbarie excessive des lois sans qu'elles perdent rien de leur force ni de leurs salutaires effets. Je citerai pour exemple la loi qui inflige la question au criminel qui refuse d'avouer son crime ; les juges ont rarement recours à ces tortures inhumaines ; ils se contentent d'effrayer l'accusé par des menaces, afin de l'amener à faire une confession spontanée, ou bien ils se procurent, par adresse, les moyens de découvrir la vérité. Si aucun de ces moyens ne réussit, et qu'il leur reste des doutes, ils préfèrent absoudre l'accusé; on ne lui arrache des aveux par des tourments que lorsque c'est un criminel endurci, qui nie les faits les plus palpables.

Il existe plusieurs manières de donner la question : je n'en rapporterai qu'une seule qui passe pour la plus douce. On place le patient à genoux sur le tranchant émoussé d'un sabre ou sur une barre de fer.

On attache ensuite successivement des pierres autour de son corps, en sorte que l'augmentation du poids rend sa douleur plus aiguë.

Les juges ont aussi l'humanité de ne point appliquer à un léger délit une loi par trop rigoureuse. Ils trouvent au moins des prétextes pour adoucir la gravité du cas, ou en écarter les circonstances les plus odieuses; quelquefois même ils acquittent l'accusé plutôt que d'être obligés de le condamner trop sévèrement. C'est ainsi qu'à l'époque de notre évasion, nos gardes ne furent point traités à beaucoup près avec la sévérité qu'auroit exigée la loi.

Il est des circonstances particulières où les lois du Japon permettent à l'offensé de se faire lui-même justice. Un mari qui a surpris sa femme en adultère a droit de mettre à mort elle et son complice ; il est seulement tenu de prouver le flagrant délit. Le père a, dans le même cas, un droit semblable sur le séducteur de sa fille. Les Japonais ont d'ailleurs, comme les anciens Romains, droit de vie et de mort sur leurs enfants qui se conduisent mal.

La plupart des procès sont décidés par des arbitres que choisissent elles-mêmes les parties ; si elles ne consentent point à ce mode de terminer leurs différends, elles ont recours à l'autorité du juge.

Les successions et les partages donnent lieu à fort peu de litiges ; car le père de famille pouvant disposer de ses biens comme il lui plaît, en fait tous les partages d'avance. Il est rare que les parts soient égales. Le fils aîné, ou celui que le père juge le plus digne de cette prédilection, obtient le lot le plus considérable, et les autres enfants reçoivent peu de chose.

FIN DU TOME PREMIER.

TABLE
DES CHAPITRES
DU PREMIER VOLUME.

Voyage du capitaine Ricord.   page 1.

Observations sur l'origine et sur les mœurs, usages et costumes des Japonais.

CHAPITRE 1er. Situation géographique.   133
CHAP. II. Origine des Japonais.   143
CHAP. III Caractère national.   155
CHAP. IV. Sciences et arts mécaniques. 169
CHAP. V. Langue écrite et parlée.   179
CHAP. VI. Religion et cérémonies ecclésiastiques.   187
CHAP. VII. Forme du gouvernement.   222
CHAP. VIII. Lois et mœurs.   257

FIN DE LA TABLE.

www.ingramcontent.com/pod-product-compliance
Lightning Source LLC
Chambersburg PA
CBHW071422150426
43191CB00008B/1014